横浜雙葉小学校

合格問題集

- 過去頻出の問題と類題で傾向を完全把握!
- プリント形式の実践タイプ!
- 問題の評価ポイントや学習のコツ、注意すべき点など詳しく解説!!

計40問
収録

横浜雙葉小学校

日本学習図書 ニチガク

ニチガクの家庭学習支援

Web学習サポートサービス

こんなこと…ありませんか？

「ニチガクの問題集…買ったはいいけど、、、
この問題の教え方がわからない（汗）」

メールでお悩み解決します！

☆ ホームページ内の専用フォームで必要事項を入力！

☆ 教え方に困っているニチガクの問題を教えてください！

☆ 確認終了後、具体的な指導方法をメールでご返信！

☆ 全国どこでも！ スマホでも！ ぜひご活用ください！

<質問回答例>

学習のポイント

推理分野の学習では、後の学習に活きる思考力を養うことができます。ご家庭で指導する場合にも、テクニックにたよらず、保護者の方が先に基本的な考え方を理解した上で、<u>お子さまによく考えさせることを大切にして指導してください。</u>

Q.「お子さまによく考えさせることを大切にして指導してください」と学習のポイントにありますが、考える習慣をつけさせるためには、具体的にどのようにしたらいいですか？

A. お子さまが考える時間を持てるように、質問の仕方と、タイミングに工夫をしてみてください。
たとえば、「答えはあっているけど、どうやってその答えを見つけたの」「答えは○○なんだけど、どうしてだと思う？」という感じです。はじめのうちは、「必ず30秒考えてから手を動かす」などのルールを決める方法もおすすめです。

まずは、ホームページへアクセスしてください!!

http://www.nichigaku.jp　[日本学習図書]　[検索]

目指せ！合格！ 家庭学習ガイド
森村学園初等部

入試情報

出題形態：ペーパー・ノンペーパー
面　　接：保護者
出題領域：ペーパー（記憶・言語・図形・常識・推理・数量など）
行動観察、工作・巧緻性

入試対策

試験内容は約２時間、ペーパーテスト、制作、行動観察と多岐にわたります。事前には保護者面接が実施されました。ペーパーテストの出題領域は、上記の通り幅広い分野から出題され、10 枚ほぼのペーパーを使って行われます。制作は、「切る」「貼る」「塗る」の作業を行う課題が、例年出題されています。個別（道具を使用して指示されたものを制作する）と集団の２パターンが実施されています。行動観察は、集団での自由遊びやグループで発表し合うものなどがあり、集団でお子さまがどのように振る舞うかということが観られているのでしょう。

- ●お話の記憶のみ録音による音声で行われますが、そのほかは教師による肉声です。筆記用具はクーピーペンで色は黒でした。
- ●行動観察の自由遊びは、ボウリング、すごろくやブロックで遊ぶ様子が観察されます。遊びといっても、１人ではしゃぎ過ぎたりするのは好ましくありません。周囲のお子さまたちとの協調性が観られていることを事前に意識しておく必要があるでしょう。
- ●事前の保護者面接では、願書と共に提出する保護者面談資料を基に聞かれます。子どもとの関わり方や志望動機、教育方針や幼稚園での様子について問われました。

必要とされる力 ベスト６

チャートで早わかり！

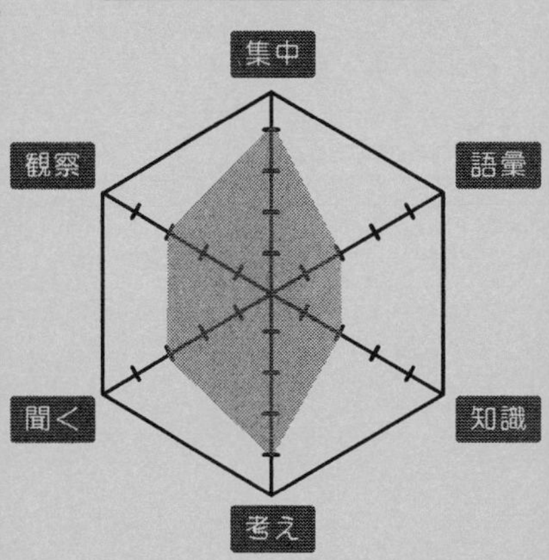

特に求められた力を集計し、左図にまとめました。
下図は各アイコンの説明です。

	アイコンの説明
集中	集　中　力…他のことに惑わされず１つのことに注意を向けて取り組む力
観察	観　察　力…２つのものの違いや詳細な部分に気付く力
聞く	聞　く　力…複雑な指示や長いお話を理解する力
考え	考える力…「～だから～だ」という思考ができる力
話す	話　す　力…自分の意志を伝え、人の意図を理解する力
語彙	語　彙　力…年齢相応の言葉を知っている力
創造	創　造　力…表現する力
公衆	公衆道徳…公衆場面におけるマナー、生活知識
知識	知　　識…動植物、季節、一般常識の知識
協調	協　調　性…集団行動の中で、積極的かつ他人を思いやって行動する力

※各「力」の詳しい学習方法などは、ホームページに掲載してありますのでご覧ください。http://www.nichigaku.jp

「森村学園初等部」について

〈合格のためのアドバイス〉

例年、ペーパーテストは10枚程度とかなりボリュームのある形式になっているので、その量を見ただけで圧倒されてしまうお子さまがいます。試験に臨むに当たり、「大丈夫」という気持ちで臨めるように万全の準備をしていきましょう。出題分野は記憶、言語、図形、常識、推理、数量など幅広いですが、問題の難しさは基礎レベルのものです。例年出題傾向に大きな変化はありませんから、過去問題を繰り返し行って準備をしていれば、その量に圧倒されずに、心に余裕を持って試験に臨むことができるでしょう。

制作は、男女によって問題は異なりますが、「切る」「貼る」「塗る」の作業を行うということに共通点があります。細かい指示はなく、指定された箇所に色を塗る、ものを貼るというような指示がほとんどなので、よく指示を聞いて取り組むということを意識してください。制作の課題では制作したものの出来よりも制作中や終わった後の態度などが観られているということも意識してください。日頃の学習では、作業を繰り返し行うのはもちろんですが、後片付けなどもきちんとさせるなどの躾を身に付けさせてください。行動観察は、ほかのお友だちとすごろく、ボーリングをするなど遊びに近い環境で取り組まれます。学校側がお子さまの素の状態をみたいということからでしょうから、純粋に楽しむということも必要なのかもしれません。とは言え、ふざけ過ぎたり、人の嫌なことをするということは絶対にしてはいけません。当校は校舎の周囲が自然いっぱいで、お子さまが仲間と協力し合って、のびのびと成長していくような環境なので、ここでそのようなことをしてしまうと当校にふさわしくないと評価がされるかもしれません。

〈選考内容〉

〈面接日〉

◆保護者面接（考査日前に実施／10分）
◆保護者面談資料（願書と共に提出）
◆ペーパーテスト　◆制作
◆行動観察

入試のチェックポイント
◇受験番号は…「願書提出順」
◇生まれ月の考慮…「なし」

〈本書掲載分以外の過去問題〉

◆自由遊び：すごろく、ボーリング、ブロック、玉入れなどで遊ぶ。
◆推理：シーソーで2番目に重いものに○をつける。
◆数量：ハムスターを入れる必要なカゴの数だけ○を書く。
◆常識：花と種で合うものを線でつなぐ。
◆図形：お手本の図形と同じように書く。
◆常識：いろいろな花の種の絵を描く。

㊢ 先輩ママたちの声！

◆実際に受験をされた方からのアドバイスです。
ぜひ参考にしてください。

横浜雙葉小学校

・ペーパーテストは、基礎学習に力を入れるのがおすすめです。お子さまに合った方法で家庭教育を進めてください。

・試験時間が長いので、過去には体調不良で途中退席する受験者もいたようです。お子さまにはある程度の体力と集中力が必要だと思います。

・保護者は寒い講堂で待機することになるので、上着やカーディガン、ブランケット等を用意するとよいと思います。本や刺繍のほか、心を落ち着かせるために、日記等を持参するのもよいと思いました。

・待ち時間に子どもが退屈するので、お絵かきや折り紙などがあると、退屈せずに済みます。

・共同作業など行動観察も重視されていると感じました。お友だちとの関わり方など、ふだんから話をして、子どもを見守っていくことが大切だと改めて感じました。

・「問題を読んでいる時は膝に手を置く」など、志願者が試験中に待つ時や聞く時の指示も多かったので、お約束をしっかり守れるようにしたほうがよいです。子どもには、ふだんから静かにしなくてはいけない場面では静かにできるように伝えておいたほうがよいと思いました。

・グループでお弁当を食べるので、ふだんから食事のマナーも身に付けておいたほうがよいと思います。床で正座をして食べるので考査前にさせておくと良いと思います。

横浜雙葉小学校
合格問題集

〈はじめに〉

現在、少子化が叫ばれているにもかかわらず、私立・国立小学校の入学試験には一定の応募者があります。入試は、ただやみくもに学習するだけでは成果を得ることはできません。志望校の過去における出題傾向を研究・把握した上で、練習を進めていくこと、その上で試験までに志願者の不得意分野を克服していくことが必須条件です。そこで、本問題集は小学校を受験される方々に、志望校の出題傾向をより詳しく知って頂くために、過去に出題された問題、及び類似の問題を結集いたしました。最新のデータを含む精選された過去・対策問題集で実力をお付けください。

また、志望校の選択には弊社発行の**「年度版　首都圏・東日本　国立・私立小学校　進学のてびき」**をぜひ参考になさってください。

〈本書ご使用方法〉

◆出題者は出題前に一度問題を通読し、出題内容などを把握した上で、〈 準 備 〉の欄に表記してあるものを用意してから始めてください。

◆お子さまに絵の頁を渡し、出題者が問題文を読む形式で出題してください。問題を読んだ後で、絵の頁を渡す問題もありますのでご注意ください。

◆**「分野」**は、問題の分野を表しています。弊社の問題集の分野に対応していますので、復習の際の目安にお役立てください。

◆問題番号右端のアイコンは、各問題に必要な力を表しています。詳しくは、アドバイス頁（ピンク色の紙１枚目下部）をご覧ください。

◆一部の描画や工作、常識等の問題については、解答が省略されているものがあります。お子さまの答えが成り立つか、出題者ご自身でご判断ください。

◆**〈 時 間 〉**につきましては、目安とお考えください。

◆**学習のポイント**は、長年にわたり小学校受験分析を行ってきた弊社編集部によるアドバイスです。その問題を出すことで学校側が子どものどのような点を観ているか、その問題の対策としてどのような学習が効果的か等、詳しく記してありますので、指導の際のご参考にしてください。

◆**【おすすめ問題集】**は各問題の基礎力養成や実力アップにお役立てください。

〈本書ご使用にあたっての注意点〉

◆文中に**この問題の絵は縦に使用してください。**と記載してある問題の絵は縦にしてお使いください。

◆〈 準 備 〉の欄で、クレヨン、クーピーペンと表記してある場合は12色程度のものを、画用紙と表記してある場合は白い画用紙をご用意ください。

◆文中に**この問題の絵はありません。**と記載してある問題には絵の頁がありませんので、ご注意ください。なお、問題の絵の右上にある番号が連番でなくても、中央下の頁番号が連番の場合は落丁ではありません。

下記一覧表の●がついている問題は絵がありません。

問題1	問題2	問題3	問題4	問題5	問題6	問題7	問題8	問題9	問題10
						●	●		
問題11	問題12	問題13	問題14	問題15	問題16	問題17	問題18	問題19	問題20
							●		
問題21	問題22	問題23	問題24	問題25	問題26	問題27	問題28	問題29	問題30
問題31	問題32	問題33	問題34	問題35	問題36	問題37	問題38	問題39	問題40

◎学習効果を上げるため、前掲の「家庭学習ガイド」及び「合格のためのアドバイス」をお読みになり、各校が実施する入試の出題傾向を、よく把握した上で問題に取り組んでください。
※冒頭の「本書ご使用方法」「ご使用にあたっての注意点」も併せてご覧ください。

〈横浜雙葉小学校〉

問題1　分野：お話の記憶

聞く　集中

〈準備〉　クーピーペン（青）

〈問題〉　これからお話をします。よく聞いて、後の質問に答えてください。

ウサギさんの１日は新聞を取り、家の前に住むリスさんに挨拶をしてからはじまります。今日も新聞を取りに、ドアを開けます。すると、ドアの前に小包と手紙が置いてありました。ウサギさんはびっくりして、新聞を取らずに、小包と手紙を持って、家へ戻りました。小包と手紙には宛名がありません。「私宛てなのかな？」と考えていると、インターホンが鳴り、誰かがドアをドンドンと叩きます。ウサギさんは持ち主の人がやってきて、盗んだと思われたのでは、と不安になりました。「ウサギさん、ウサギさん！」よく聞くと家の前に住むリスさんの声でした。少しホッとして、ドアを開けると、リスさんが心配そうに「大丈夫？」と言ってきました。「大丈夫だよ、どうしたの？」と答えると、「ポストにまだ新聞が残っているし、今日はまだ挨拶していなかったから、もしかしたら倒れてるんじゃないかなと思って」とリスさんが言いました。リスさんが自分の心配をしてくれて、ウサギさんはとてもうれしく思いました。「そうだリスさん、これ誰が置いたかわかる？」と小包と手紙のことを聞きました。リスさんもわかりません。「毎朝町を散歩しているキツネさんなら知ってるんじゃない？」とリスさんが言ったので、２人はキツネさんの家へ行き、小包と手紙のことについて聞くことにしました。キツネさんの家に着きました。キツネさんはウサギさんとリスさんが家を訪ねてきたことに少し驚きました。「急にごめんね、わたしの家の前にこの小包と手紙が置いてあったの。キツネさんが散歩している時に誰か置いた人見ていない？」とウサギさんがキツネさんに尋ねると、「ウサギさんの家の前を通ったときにはその小包と手紙はすでに置いてあったよ。だから誰も見ていないよ」と答えました。「手紙に誰からなのか書いてあるかもよ」とリスさんが言うので、手紙を読むことにしました。手紙には「しあわせ山の頂上で、この箱を開けてください」としか書かれていません。「しあわせ山に行くしかなさそうだね」とキツネさんが言うので、３人はしあわせ山へ行くことにしました。３人がキツネさんの家の前で話しているのを、イヌさんがこっそり聞いていました。さあ、山へ出発です。ウサギさんが「ねえねえ、この箱に何が入っていると思う？」と聞きました。リスさんが「私は木の実かな」キツネさんは「靴が入ってるんじゃないかな、ウサギさんは何が入っていると思う？」と聞かれたので、「ぬいぐるみかな？」と答えました。このような楽しいお話をたくさんしていたので、すぐに山へ着き、そのまま頂上へ向かっていた３人ですが、途中で行き止まりになりました。「休憩してからどうするか、考えよう」とウサギさんが言ったので、そうすることにしました。ウサギさんが小包を大きな石に置いた瞬間、イヌさんがその小包を持って、逃げていきました。あっと思ったウサギさんはすぐにイヌさんを追いかけに行きました。リスさんとキツネさんは「あぶないよ！」と言ったものの、ウサギさんは行ってしまいました。少し時間が経ちましたが、ウサギさんが戻ってくる様子はありません。すると、遠くの方から「助けて～」という声が聞こえたので、リスさんとキツネさんは声がする方へ走っていきました。すると、崖に着きました。リスさんとキツネさんが崖の下を覗くと、崖の途中に生えている木の枝にウサギさんとイヌさんが引っかかっていました。「誰か助けを呼んでくるね」とリスさんが言うと、サルのおじさんがたまたま近くにいました。サルのおじさんはすぐにウサギさんとイヌさんを助けてくれました。イヌさんが「わたしもみんなの話を町で聞いて、気になっちゃって。ごめんなさい」とウサギさんに謝ったので、ウサギさんも許すことにしました。「じゃあイヌさんもいっしょに行こうよ」とリスさんが言い、イヌさんも加わって、頂

上へ向かいます。ウサギさんたちはサルのおじさんに頂上への道をおしえてもらったので、すぐに頂上に着きました。「さあ、箱を開けるよ」とウサギさんが言い、みんなで「せーの」で開けましたが、箱は空っぽでした。４人はがっかりしましたが、キツネさんが「ねえねえ周りを見て！」と言ったので、見回すとウサギさんたちを中心にして、お花が広がって咲いていきます。この箱は「春」を呼ぶ箱だったのです。

（問題１－１の絵を渡す）
①ウサギさんは毎朝誰に挨拶をしますか。選んで○をつけてください。
②サルのおじさんを呼んだのはどの動物ですか。選んで○をつけてください。
③このお話の季節に咲く花を選んで○をつけてください。
（問題１－２の絵を渡す）
④それぞれの動物が箱の中に何が入っていると思っていましたか。正しい組み合わせを線で結んでください。

〈時間〉　各10秒

〈解答〉　①左から２番目（リス）
②左から２番目（リス）
③右から２番目（チューリップ）
④下記参照

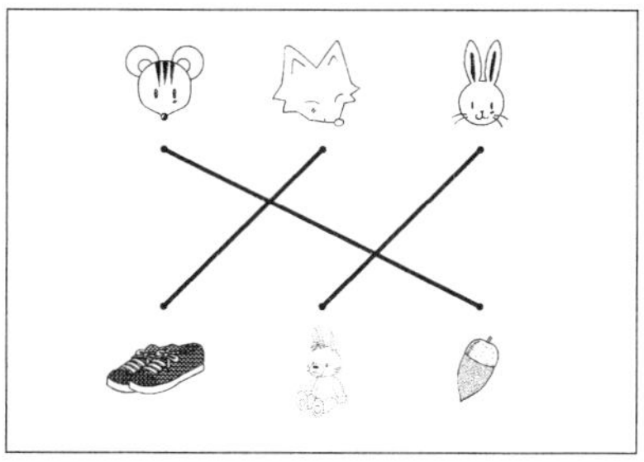

学習のポイント

当校の「お話の記憶」では、1500～2000字程度の長いお話がよく出題されています。一般的な入試問題と比べて、長文ではありますが、実際にある絵本をアレンジして出題されることがほとんどなので、よく読み聞かせをしているお子さまであれば聞いたことがあるお話という場合もあるかもしれません。読み聞かせを重ねることは、このように知っているお話の内容に当たる可能性だけでなく、聞くことに対して集中できるようになったり、お話を「イメージしながら聞く」ということを身に付けることにつながります。「イメージしながら聞く」ということは、例えば、キツネさんが散歩をしている時、ウサギさんの家の前にはすでに小包と手紙があったという場面と、それをウサギさんたちに伝えている様子を絵本のように連続してイメージできていることです。このように映像として記憶しておけば、この問題のように比較的長いお話でも対応できるようになっていきます。

【おすすめ問題集】
１話５分の読み聞かせお話集①・②、お話の記憶 初級編・中級編・上級編、
Ｊｒ・ウォッチャー19「お話の記憶」

問題2　分野：言語（同音探し）

考え　知識

〈準 備〉　クーピーペン（青）

〈問 題〉　絵の中から「ん」で終わるものを見つけて、○をつけてください。

〈時 間〉　30秒

〈解 答〉　下図参照

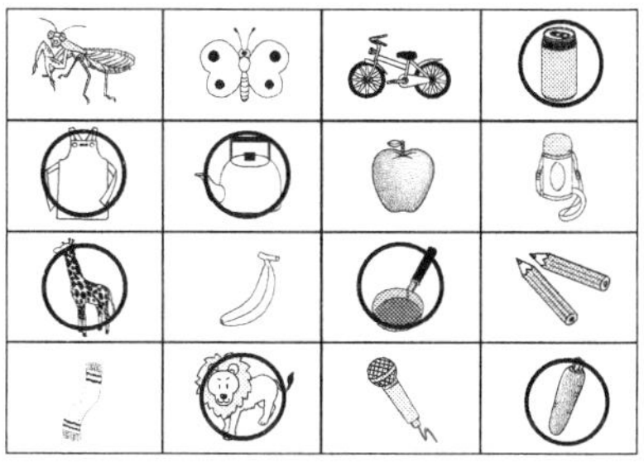

学習のポイント

この問題は最後の音が「ん」の音で終わるものを見つける言語の問題です。最後の音が「ん」で終わるものというのは「ライオン」「フライパン」というような言葉のことですが、しりとりなどで言葉遊びをしているお子さまにとって、馴染みのあるものだと思いますから特別な対策をわざわざ取る必要はないでしょう。問題の絵を見てみると、最後の音が「ん」の言葉だけでなく、「リンゴ」のように真ん中に「ん」のつく言葉もあるのでそこにつまづいてしまう場合があるかもしれません。指示をよく聞いて取り組むようにしましょう。

【おすすめ問題集】

Ｊｒ・ウォッチャー17「言葉の音遊び」、18「いろいろな言葉」、
60「言葉の音（おん）」

問題3　分野：図形（同図形探し）

観察　考え

〈準　備〉　クーピーペン（青）

〈問　題〉　（問題3の絵を渡して）
左の見本と同じものを右から見つけ、正しいと思う記号の点線をなぞってください。

〈時　間〉　40秒

〈解　答〉　①真ん中　②真ん中　③左

学習のポイント

左の図形と同じものを見つけ出す図形分野の問題です。この問題では3つの図形が1つのグループになって同じ図形とします。3つの中で1つでも違った図形があれば、それは正しいものではありません。ですから、まずは3つの図形を全体的に見て明らかに違う図形が発見できたら、それは選択肢から外してよい、ということになります。その後に似ていると思われるグループの1つひとつの図形を比べて解答するようにしてください。図形の特徴として色が塗っている箇所とそうでない箇所があるので、そのどちらかを見本と見比べていけば、間違いが見つけやすくなります。同図形探し（間違い探し）の問題では「全体から細部」の順で見ていくのがコツです。なお、1つひとつ図形を確認していくと、回転させれば、見本と同じになるものが出てきます。しかし、ここではそういった指示はありません。お子さまが指示のないことで戸惑わないように、よく指示を聞くという当たり前のことを保護者の方は意識して徹底的に指導してください。

【おすすめ問題集】
Ｊｒ・ウォッチャー4「同図形探し」

家庭学習のコツ①　「先輩ママのアドバイス」を読みましょう！

本書冒頭の「先輩ママのアドバイス」には、実際に試験を経験された方の貴重なお話が掲載されています。対策学習への取り組み方だけでなく、試験場の雰囲気や会場での過ごし方、お子さまの健康管理、家庭学習の方法など、さまざまなことがらについてのアドバイスもあります。先輩ママの体験談、アドバイスに学び、ステップアップを図りましょう！

問題4　分野：図形（パズル）

観察　考え

〈準備〉　クーピーペン（青）

〈問題〉　**この問題の絵は縦に使用してください。**
左の図形は、真ん中の図形の動物を１つ動かせば作ることができます。では、どの動物を動かせばよいのか、右の図形のその動物に○をつけてください。

〈時間〉　30秒

〈解答〉　下図参照

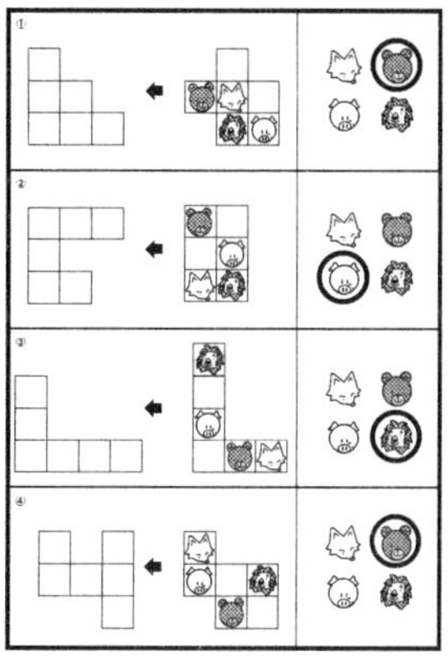

学習のポイント

見本と同じ図形にするにはどの動物の四角を動かせばよいのか、それを選ぶ「パズル」の問題です。この問題を解く方法として、１つひとつの動物の四角を頭の中で動かして見本の図形になるかどうか見比べるという方法がありますが、それとは別に、見本と見比べて、どの動物の四角が元の位置にいなくなったのかということに着目して解く方法もあります。例えば①ですが、見本の図形は、左から四角が３つ、真ん中が２つ、右が１つ重なったものです。求められている図形を見ると、左に四角が１つ、真ん中に３つ、右に２つ重なったものなので、左にあるクマの四角が移動して、見本の図形を作ったことがわかります。クマ以外の動物の四角は元の位置から移動していないため、つまり元の位置にいなくなった動物を探し出せば答えが出るということです。

【おすすめ問題集】

Ｊｒ・ウォッチャー３「パズル」、54「図形の構成」

問題5　分野：数量（多少比較）

観察　集中

〈準　備〉　クーピーペン（青）

〈問　題〉　（問題5の絵を渡す）
この絵の中で、1番数が多い動物はどれですか。下の段のその動物に○をつけてください。

〈時　間〉　各20秒

〈解　答〉　下図参照

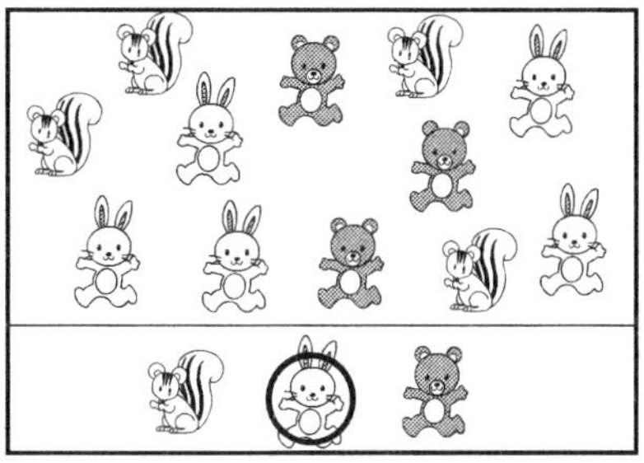

学習のポイント

この問題のように、複数のものを比較して数える問題は当校ではよく出題されます。比較するものの個数は10以下と少ないので、これと言った対策を取る必要はありません。ほとんどのお子さまがこの問題を間違える原因として、「見忘れ」や「重複して数える」というケアレスミスなので、1つひとつ正確に数えることを意識して取り組めれば大丈夫です。「右から左へ」「上から下へ」と見る方向を一定にするだけでもケアレスミスは防げるので、保護者の方はそのように指導してください。

【おすすめ問題集】

Ｊｒ・ウォッチャー14「数える」、15「比較」、36「同数発見」、
37「選んで数える」、58「比較②」

家庭学習のコツ②　「家庭学習ガイド」はママの味方！

問題演習を始める前に、試験の概要をまとめた「家庭学習ガイド（本書カラーページに掲載）」を読みましょう。「家庭学習ガイド」には、応募者数や試験課目の詳細のほか、学習を進める上で重要な情報が掲載されています。それらの情報で入試の傾向をつかみ、学習の方針を立ててから、対策学習を始めてください。

問題6　分野：工作・巧緻性

聞く　集中

〈準備〉　折り紙（複数枚、あらかじめ短冊にしておく）、スティックのり、画用紙

〈問題〉　この問題は問題6の絵を参考にしてください。

（短冊にした折り紙を渡す。）

①今、もらった折り紙を半分にちぎってください。

②ちぎったら、半分を画用紙に横か縦好きなように貼ってください。違う色の折り紙も同じようにちぎり、今貼った折り紙が横なら縦に、縦なら横に、階段のように貼ってください。この作業を繰り返します。折り紙を貼る時、同じ色が隣同士にならないようにしてください。

③先生の「やめ」という指示が聞こえたら、手を止めてください。

〈時間〉　10分

〈解答〉　省略

学習のポイント

当校の入試では「ゆびさきの器用さ」がよく観られています。ここでも、折り紙の短冊を半分にちぎったり、それをきれいに階段のようにして貼ることができるかといった作業などでそれを観ています。「ゆびさきの器用さ」ということを考えると、スピーディーに作業をこなすことが大事と思う保護者の方が多いかもしれませんが、ていねいにものを仕上げる方が大事です。１つひとつの作業をていねいに行うようにしてください。そしてそれを繰り返し行っていけば、自然と作業をこなすスピードも身に付き、作品の仕上がりも上達していきます。

【おすすめ問題集】

実践 ゆびさきトレーニング①②③ 、Ｊｒ・ウォッチャー23「切る・貼る・塗る」

家庭学習のコツ③　効果的な学習方法～問題集を通読する

過去問題集を始めるにあたり、いきなり問題に取り組んではいませんか？　それでは本書を有効活用しているとは言えません。まず、保護者の方が、すべてを一通り読み、当校の傾向、ポイント、問題のアドバイスを頭に入れてください。そうすることにより、保護者の方の指導力がアップします。また、日常生活のさまざまなことから、保護者の方自身が「作問」することができるようになっていきます。

問題7　分野：運動

協調　聞く

〈準備〉　三角コーン（２つ）、ビニールテープ

〈問題〉　この問題の絵はありません。

これから皆さんに運動をしてもらいます。
（壁に◎の的をテープで作っておく）
①いまから壁の的に目がけてボールを投げます。
　先生の「交代」という指示があるまで、投げつづけてください。

（約10メートルの間隔で三角コーンを置く、あらかじめ緑、黄色、赤、紫のチームに分かれる）
②「はじめ」という指示が出たら、スキップで奥のコーンへ向かってください。
　そしてコーンをタッチし、クマ歩きで戻ってください。
　終わった人から列の後ろで座ってください。最初に全員が座り終えたチームが勝利です。

〈時間〉　適宜

〈解答〉　省略

学習のポイント

ボールを投げたり、スキップ、クマ歩きを行う運動の課題です。ここで観られているのは、年齢相応の動きができるか、運動・待機中の姿勢・態度の２つです。「年齢相応の動き」とは、ボールを投げるといった手を使う課題、スキップ・クマ歩きといった足を使う課題からわかる通り、体全体を使えているかどうかを観られています。とはいえ、的にボールが当たらなかった、転んでしまったからと言っても心配はありません。運動の出来の良し悪しよりは、その時の姿勢・態度の方が大切だからです。運動の出来があまりうまくいかなくて、後の課題を適当にしてしまったり、運動が終わった後に静かに待たなかったりといったことの方が問題なのです。

【おすすめ問題集】
　新運動テスト問題集、Ｊｒ・ウォッチャー28「運動」

問題8　分野：行動観察（自由遊び）

協調　公衆

〈準備〉　ポンポン、ドミノ、パズル、魚つり、ボウリング、輪投げ、ボールの的当て、ハンバーガーの積み上げ、積み木、けん玉、バスケットボールなど、おもちゃを15個程度用意する。

〈問題〉　**この問題の絵はありません。**

①20人程度のグループで行う。あらかじめ準備した遊び道具を部屋に置いておく）ここにあるおもちゃを使って、自由に遊んでください。

②好きな人とお弁当を食べる。

〈時間〉　①15分　②適宜

〈解答〉　省略

学習のポイント

グループで行動観察を行う場合、協調性が必要となってきます。積極的に自分の意見を言えることは大切ですが、グループの中で何としてもイニシアチブをとる、というほどの主体性が必要というわけではありません。集団での行動観察が出題されるのは、入学した後の集団生活がスムーズに行えるかどうかという観点があるからです。ふだんから多くのお友だちと仲よく遊び、積極的に関われるようにすれば、自然とグループ内でのコミュニケーションの取り方、相手を思いやる心、気配りといったものが学べるはずです。入学試験では初めて会ったお友だちと協力して取り組む課題もありますので、その準備をしておきましょう。ふだんから初対面の人と会話をする機会を逃さないように心掛けてください。どのように声をかければよいのかが身に付いていきます。

【おすすめ問題集】

Ｊｒ・ウォッチャー29「行動観察」、新ノンペーパーテスト問題集

問題9　分野：面接・親子ゲーム

話す　集中

〈準備〉　問題9－1、9－2の絵をあらかじめ点線に沿って切っておく

〈問題〉

【父親へ】
・当校を志望した理由を教えてください。
・お仕事は何をされていますか。
・最近、お子さまにしてもらって嬉しかったことはどのようなことですか。
・ご家庭の教育方針を教えてください。

【母親へ】
・どのようなお子さまですか。
・お子さまの長所を教えてください。
・どのような時にお子さまを叱りますか。
・今、お子さまが熱中していることはありますか。
・子育てで大切にしていることは何ですか。

【お子さまへ】
・お名前を教えてください。
・幼稚園の名前を教えてください。
・仲良しのお友だちの名前を教えてください。
・お友だちとは何をして遊ぶのが好きですか。
・兄弟（姉妹）と何をして遊びますか。
・幼稚園の園庭にはどんな遊具がありますか。
・幼稚園で運動会はありますか。また、思い出に残っていることは何ですか。
・好きな絵本を教えてください。そのお話のあらすじも話してください。

【親子ゲーム】
※ヒントを出す人が使うカードは9－1、答える人の前に置くカードは9－2を使ってください。
今から親子でカードを使ったゲームをしてもらいます。
（親が先生から渡されたカードの中から1枚選ぶ、子どもの前に9枚のカードが置かれる）
ご両親は、今引いたカードの特徴をお子さまに伝えて、お子さまはそれを聞いて、ご両親が持っているカードがどれか選んでください。
※終わったら、次は、お子さまと親のどちらかが出題者になり、もう片方の親が答える。

〈時間〉　適宜

〈解答〉　省略

学習のポイント

面接では、答えている時の視線、姿勢、答えた内容、スムーズに答えられたかといったことを気にされる方が多く、特に「噛んで」しまい、あまりうまく伝えられなかったのでは、と考える保護者の方が多いようですが、目の動き、姿勢からうかがえる態度・性格はチェックしても、回答の時に「噛んで」しまったことを理由に減点している学校の話はほぼ聞いたことがありません。面接の際に意識すべきなのは、両親への質問から見えてくる、家庭の教育方針、躾に対する考え方などに一貫性があるかということです。ご家庭の中で意見が食い違っていると、好ましくない家庭環境ではないかと考えられ、面接官に悪い印象を与えるかもしれません。だからと言って、その日の朝、会場で話を合わせて対応するということもやめておきましょう。家族全員が混乱します。むしろ、その場しのぎにならないように保護者同士が共通した教育方針・意見をはっきりと述べられるようにしましょう。親子活動（行動観察）では、純粋に楽しむことが大切です。それぞれのカードが似ているので、伝えるためには語彙力が大切ですが、何よりもご家庭の雰囲気を重視して観られているということを頭に入れて取り組んでください。

【おすすめ問題集】
面接テスト問題集、新口頭試問・個別テスト問題、面接最強マニュアル

家庭学習のコツ④　**効果的な学習方法～お子さまの今の実力を知る**

1年分の問題を解き終えた後、「家庭学習ガイド」に掲載されているレーダーチャートを参考に、目標への到達度をはかってみましょう。また、あわせてお子さまの得意・不得意の見きわめも行ってください。苦手な分野の対策にあたっては、お子さまに無理をさせず、理解度に合わせて学習するとよいでしょう。

問題10　分野：お話の記憶

聞く　集中

〈準備〉　クーピーペン（青）

〈問題〉　**この問題の絵は縦に使用してください。**

これからお話をします。よく聞いて、後の質問に答えてください。

　ネコさんはお昼寝が大好きです。でも、ネコさんのお家の前に大きな道路ができ、車が走る音がうるさくて眠れません。そこでネコさんは湖のほとりの小さなお家に引っ越しました。新しいお家でさっそくひと眠りしようとすると、壁の裏からネズミさんが話しかけてきて、やっぱり眠れません。今度はボートに乗り込みました。ところが、湖ではカエルさんたちの大合唱が始まり、やっぱり眠れません。今度は大きな木の下で眠ることにしました。ところが、木の上で小鳥の赤ちゃんがえさを欲しいと大騒ぎ。やっぱり眠れません。ネコさんは結局、湖のほとりのお家に戻って、耳をふさいで眠ることにしました。

　ようやくうとうと眠り始めた頃、誰かがしっぽやひげを引っ張ります。とうとう我慢できなくなったネコさんは、大きな声で怒りました。すると、部屋にいたネズミさんとカエルさんと小鳥さんたちは、怖がって逃げ出してしまいました。静かになった部屋を見渡すと、テーブルの上にはケーキやごちそうが並んでいます。ネコさんの歓迎会をしようとしてくれていたようです。「そうだったのか、悪いことをしちゃったな」ネコさんは、誰もいなくなった部屋でまた寝ようとしましたが、今度はみんなのことが気になって眠れません。そのうち夜になり、ネコさんは寂しくなりました。そして、家の外に出て、大きな声で「ごめんね」と、みんなに謝りました。すると、あちこちからネズミさんやカエルさんや小鳥さんたちが出てきて、ネコさんの周りに集まってきたので、ネコさんはもう一度みんなに謝りました。そして、歓迎パーティーをやり直すことにしました。

　その後、ネコさんはお昼寝にぴったりの場所を見つけました。それは家の屋根の上です。そこにいると、みんなの声や音がいい子守唄になって、ぐっすり眠れるのです。

（問題10の絵を渡す）

①新しいお家に引っ越した後に、お話に出てきた動物の順番を答えてください。
　1番目に出てきた動物に○、2番目に出てきた動物に△、3番目に出てきた動物に×をつけてください。

②動物たちがネコさんの家から逃げ出した後、ネコさんは何を見ましたか。選んで○をつけてください。

③誰もいなくなった家の中で、ネコさんはどんな気持ちになりましたか。選んで○をつけてください。

④ネコさんは最後にどこで寝ましたか。選んで○をつけてください。

〈時間〉　各10秒

〈解答〉　①○：左から2番目（ネズミ）　△：右端（カエル）　×：右から2番目（小鳥）
②左から2番目　③右端　④右から2番目

学習のポイント

当校の「お話の記憶」では、比較的長い「お話」が出題されています。本問のように、実際にある絵本をアレンジした内容で出題されていることもしばしばあります。「お話」が長くなるほど、聞き取る集中力、理解力、記憶力といった力が試されることになりますが、これらの力はすぐに身に付くものではありません。まずは、日常的な読み聞かせの中で、お話について質問し、自分の言葉で答えさせることを繰り返しましょう。質問することで、お話に対する「聞き方」が変わります。そして自分の言葉で答えることが、言葉の意味や使い方を理解していくことにつながり、結果、正しい語彙が身に付きます。「お話の記憶」に最も必要な力は、記憶に残しやすいという意味で、「お話をイメージしながら聞けること」だと言われています。語彙が増えていくと、1つひとつの言葉、ことがらをイメージすることができるようになりますから、自然とお話全体をイメージして聞けるようになっていくのです。お話についてさまざまな質問をする以外にも、印象的な場面の絵を描かせてみるのも効果的です。ぜひ試してみてください。今回のお話では、昼寝をする場所を変えていった先々に動物が登場します。それぞれの動物ややりとりをイメージできれば、その順番も覚えやすくなるでしょう。なお、ネコさんの心情の変化についてお子さまと話し合えば、登場人物の心の動きをストーリーを追って理解することにもなり、情操面での発展的学習になります。

【おすすめ問題集】

1話5分の読み聞かせお話集①・②、お話の記憶 初級編・中級編・上級編、
Ｊｒ・ウォッチャー19「お話の記憶」

問題11 分野：言語（しりとり）

聞く　考え　観察

〈準 備〉 クーピーペン（青）

〈問 題〉 上の段の「ろうそく」の絵から順に、2番目の音でしりとりをします。この時、順にしりとりをしていくと、1つだけ残る絵があります。その絵に○をつけてください。下の段も同じように進めてください。

〈時 間〉 各20秒

〈解 答〉 下図参照

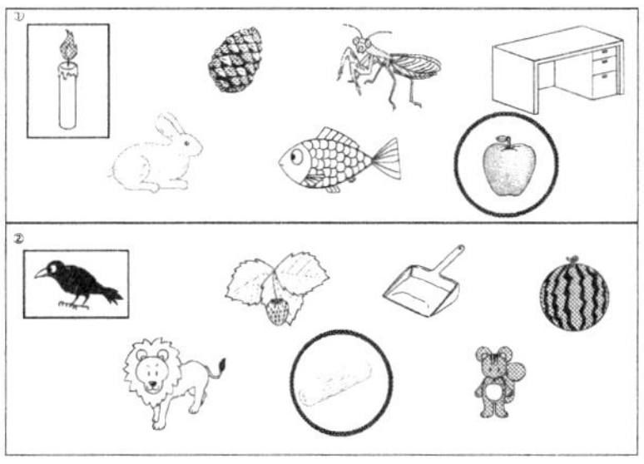

学習のポイント

この問題は、「２番目の音」でつないでいく「しりとり」です。上の段の問題では、「カマキリ」や「マツボックリ」の後に、つい「リンゴ」を選びたくなりますが、２番目の音でつなぐことや「ン」ではじまる言葉がないことに注意して、「カマキリ」→「マツボックリ」→「つくえ」の順につなげます。下の段では、「イチゴ」の次に「ちくわ」と「ちりとり」のどちらかを選ぶことができますが、その次につながる「リス」から「ちりとり」を選びます。当校では、例年言語の分野から、言葉の「音（おん）」に関係する問題が多く出題されています。このような問題に慣れるためにも、身の回りの「もの」の名前を正確に知り、それを声に出すなどして、多くの言葉を１音ずつ認識していく習慣を身に付けておきましょう。

【おすすめ問題集】

Ｊｒ・ウォッチャー17「言葉の音遊び」、18「いろいろな言葉」、49「しりとり」、60「言葉の音（おん）」

問題12　分野：図形（展開）

観察　考え

〈準　備〉　クーピーペン（青）

〈問　題〉　（問題12の絵を渡して）
矢印の順番で折り紙を点線に沿って折ります。○のところに穴を開けてから、折った紙を広げると、穴の位置はどうなるでしょうか。太枠にあてはまる形を、右の図形から選び、線で結んでください。

〈時　間〉　40秒

〈解　答〉　下図参照

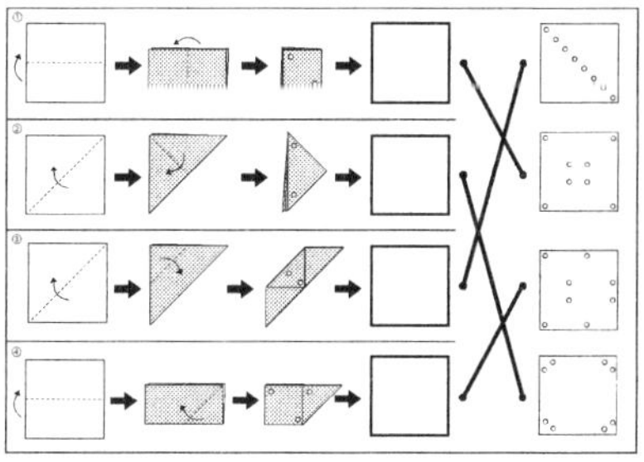

学習のポイント

当校の入試では、１度折った折り紙を開いた時、どのようになっていますか、などを問う「展開」と呼ばれる問題が頻出です。この問題は、折った紙の穴の位置から、開いた時の穴の位置を考える問題です。２つ折りを考える問題であれば対称な形をイメージすればよいので、比較的やさしい問題といえますが、この問題のように４つ折りになると、対称な図形を２回に分けて考えなくてはならないので、一気に難しさが増します。こういった展開の問題を理解するためには、実際に紙を折って穴を開け、それを開いて確認してみることが大切です。どのような変化が起こったかが一目瞭然となり、それが理解を深めます。慣れてきたら、折る回数や切る部分を増やすなどして、絵を見ただけで、折った時や開いた時の形が判断できるように練習しましょう。

【おすすめ問題集】

Ｊｒ・ウォッチャー５「回転・展開」

問題13　分野：図形（構成）

観察　考え

〈準 備〉　クーピーペン（青）

〈問 題〉　右側にある形を３つ使い、組み合わせて左側の形を作りますが、その中で使わない形が１つあります。その形に○をつけてください。

〈時 間〉　各10秒

〈解 答〉　下図参照

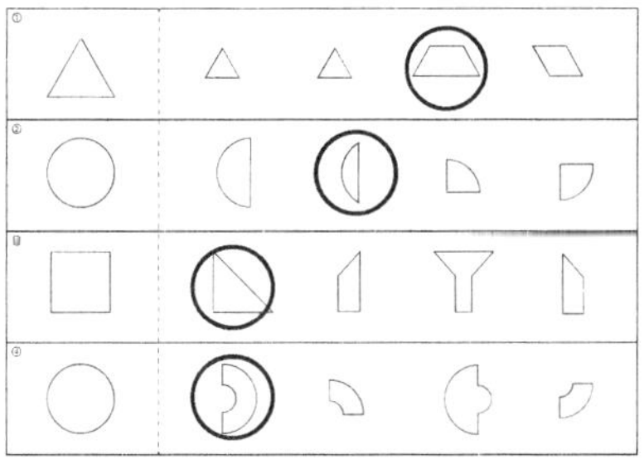

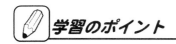

学習のポイント

当校の入試では、「構成」のほか、「パズル」「同図形探し」などの図形問題がよく出題されています。これらの分野を練習する時は、いきなり問題集の問題に取り組むのはおすすめできません。図形パズルや積み木などを使い、２つの形を組み合わせるとどのような図形・立体になるかといった「遊びを通して経験すること」を大切にしましょう。この問題がなかなか理解できない時も、焦らずに、イラストを切り離して、実際に同じ形を作ってみましょう。左側のどの位置にどの形が当てはまるのか、切り抜いた４つの形を、もとの左側の形に当ててみれば、一目瞭然でしょう。慣れてきたら、今度は、辺の長さや大きさなどのそれぞれの形の特徴に目を向けていきます。そういう取り組みを繰り返すことで、次第に、イメージとして、頭の中で図形を動かすことができるようになってきます。なお、練習の段階では、右の形を見ながら左の形の中に線を書き入れてみてもよいでしょう。

【おすすめ問題集】

Ｊｒ・ウォッチャー54「図形の構成」

問題14　分野：数量（多少比較）

観察　集中

〈準 備〉　クーピーペン（青）

〈問 題〉　（問題14-１の絵を渡す）
上の段に描いてあるリボンをつけている女の子と、虫あみを持っている男の子では、どちらが多いですか。下の段の多い方の子の絵に○をつけてください。

（問題14-２の絵を渡す）
上の段に描いてあるバット、サッカーボール、ラグビーボールの３つのものの中で、どれが１番多いですか。下の段の絵に○をつけてください。

〈時 間〉　各20秒

〈解 答〉　下図参照

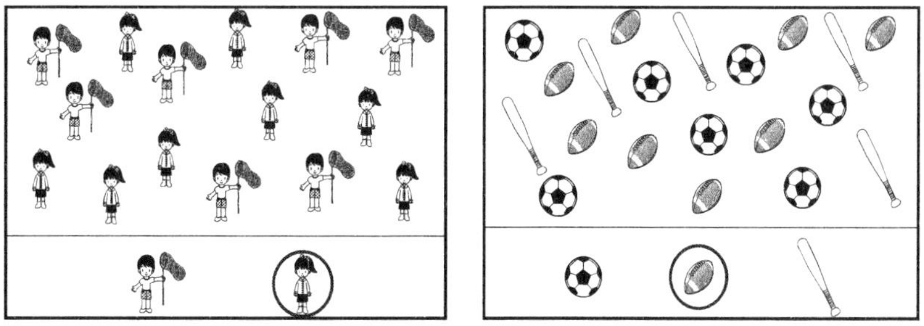

学習のポイント

この問題は、２つもしくは３つのものの数の多少を比較する問題です。１つずつ正確に数えて、その数を比べるようにしましょう。この問題のように、対象物がバラバラに配置されていても、端から順に印（／など）をつけていくと、重複や数え忘れを防ぐことができます。当校の入試では、例年、「数量」分野の課題が出題されており、数を数えること、その数を合わせること（たし算）、比べることなど、１つひとつ正確に行えることが求められています。最初は時間がかかってもかまいません。とにかく正確に数えることを心がけてください。同じような問題を解いているうちに10ぐらいまでの数ならひと目でその数がわかるといった「数の感覚」が身に付いてきます。そうなれば、解答時間はむしろ余ってしまうかもしれません。

【おすすめ問題集】

Ｊｒ・ウォッチャー14「数える」、15「比較」、36「同数発見」、37「選んで数える」、58「比較②」

問題15　分野：常識（マナー）

観察　公衆

〈準備〉　クーピーペン（青）

〈問題〉　この絵の中で、してはいけないことをしている子に○をつけてください。

〈時間〉　30秒

〈解答〉　下図参照

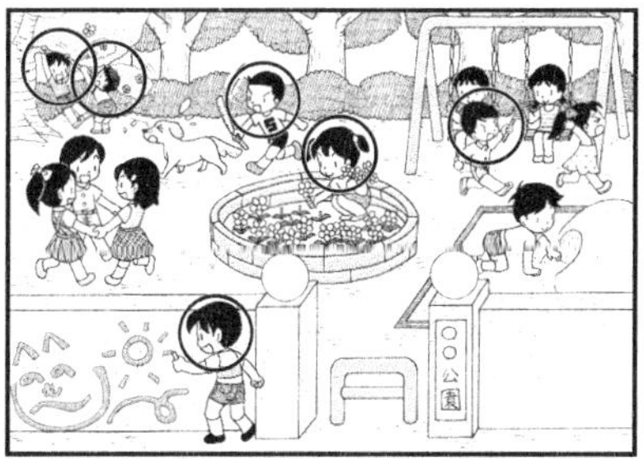

学習のポイント

当校に限らず、常識・公共マナーは、入学試験での出題頻度が高いテーマです。その背景には、学校側はお子さまだけでなく、保護者の常識も観たいという考えがあるのかもしれません。面接などで保護者の考え方や家庭環境を観ていた学校も、短い面接時間ではなかなか把握しきれないケースもあるようです。入学後に問題が起こることを避ける意味でも、近年は、お子さまを通して保護者の方の躾に対する考え方などを測ろうという傾向になっていることは否定できません。入学試験におけるお子さまの言動は、保護者の方が思い描いている通りには行きません。また、面接で各ご家庭の躾に対する考え方などを問われていますが、言葉だけでなく、お子さまの振る舞いや言動に、本当の姿があらわれるものです。そういった意味で、特に常識問題は、付け焼き刃での対応が難しい問題だといえるでしょう。マナーや社会のルールに関することは「答え」を教えるのではなく、保護者の方の規範意識をもった生活態度が、お子さまのマナーにつながるのだと考えましょう。

【おすすめ問題集】

Ｊｒ・ウォッチャー56「マナーとルール」

問題16　分野：複合（工作・巧緻性、仲間探し、お話づくり、時間の流れ）　聞く　集中

〈準 備〉　ハサミ、スティックのり、モール1本。問題16-３と問題16-４の絵（絵本の台紙になります）を点線で切り、パンチで左端に２ヶ所穴を開けておく。

〈問 題〉　**この問題は問題16-1の絵を参考にしてください。**

（問題16-２の絵と４枚の台紙を渡す）

これから絵本を作ります。

①まず、渡した絵を線に沿って切り分けます。これをお話の順番がつながるように４枚並べて、４つのお話を作ります。

②お話ができたら、お話ごとに、４枚の紙を順番に四角が描かれた紙（問題16-３と問題16-４）に貼ります。四角の中にお話の紙を１枚ずつ、４つの角にのりをつけて貼ってください。

③貼り終わったら、絵を貼った紙（問題16-３と問題16-４）を４枚重ねて、穴にモールを通し、３回ねじって留めてください。

〈時 間〉　10分

〈解 答〉　省略

学習のポイント

当校の入試の「制作」の課題は、例年ハサミやのり、クーピーペンなどの道具を使う課題が出題されています。まず、道具の持ち方、使い方、はみ出さないようにきれいに切る・塗る・貼るなどができているかどうかが観られます。そういった点を意識しながら練習してください。このような作業が苦手な場合は、時間を意識するのではなく、きちんと仕上げることを意識して取り組ませてください。練習を繰り返していると、慣れてきて１つひとつの作業の時間も短くなってきます。保護者の方は、いちいち口出しせず、完成したら褒めてあげるようにしましょう。それが１つの成功体験になり、次の制作ではお子さまも自信を持って取り組めるようになります。また、保護者の方は制作したものの完成度ばかりに目が行きがちですが、ゴミの後始末、ゴミを捨てに行く時、いすがきちんとしまわれているかといったことも評価の対象です。そうしたことを、試験だからするのではなく、日常の当たり前のこととして身に付けてください。また、この問題では台紙を重ねる順番を特に指示をしていませんが、実際には、台紙に４色の色画用紙を用いて、③の工程の前に、重ねる順番の指示（緑→ピンク→黄色→水色の順や、ピンク→黄色→水色→緑の順など一人ひとり違う順番の指示）もあったようです。

【おすすめ問題集】

実践 ゆびさきトレーニング①②③ 、Ｊｒ・ウォッチャー13「時間の流れ」、21「お話作り」、23「切る・貼る・塗る」

問題17　分野：運動

協調　聞く

〈準 備〉　三角コーン（２つ）、フラフープ（色の違うもの３個程度）、
ビーンズバッグ（マメや粒状のものを入れた布袋など２個）、
丸い板（色の違うものを２枚）

〈問 題〉　**この問題は絵を参考にしてください。**
これから皆さんに運動をしてもらいます。まず、私（出題者）が説明しながらお手本を見せますから、同じようにしてください。自分の番ではない時は、体育座りをして待っていてください。
順番を待つ時、前の人が進んだら１つずつ前につめて座って待っていてください。列の４番目の人までは、フラフープの中で待っていてください。

①２つの三角コーンをまわります。奥のコーン、手前のコーン、奥のコーンの順に周ったらスタートの線まで走り、列の最後に並んでください。
②ビーンズバッグを手に持って、首を左右に回しながらマットのところまで歩いてください。
マットのところまで来たら、ビーンズバッグを頭にのせて、そのままマットの上で片足立ちをします。５秒立ったらビーンズバッグを床に置いて白いフラフープの中に入ります。
そして、２本の線を踏まないように左右にジグザグ飛びをして、緑のフラフープの中に入ります。
次に、緑のフラフープの横に置いてある２枚の丸い板を、２本の線の間に１枚ずつ置き、置いた板の上を踏みながら白いフラフープのところまで戻ります。
白いフラフープの中に入ったらゴールです。板は元の場所に戻しましょう。
ここまで終わった人はビーンズバッグで自由に遊んでください。

〈時 間〉　適宜

〈解 答〉　省略

学習のポイント

１つひとつの指示は難しいものではありません。こうした指示のある問題では、指示通り動けることが前提となって採点されていると考えてよいでしょう。では、このような場合、どういう点を観ているかですが、まずは、取り組む時の姿勢です。「意欲的に行っているか」「機敏に動けているか」などですが、そのほかにも、小学校受験では「待っている時の態度はどうか」という点まで観られます。保護者の方は、実際に行う動作の方ばかり意識が向いてしまいますが、待機している様子も観察されていると考えて指導してください。この問題のように１人ひとり行う実技の場合、グループの最初の方に行ったお子さまは待機している間に注意が必要です。というのも、最初に行ったお子さまは自分が運動を終えると、注意散漫になり、緊張も途切れてしまうからです。自分の順番が終わった後も、ほかの志願者が運動する様子を見るなどして、緊張感を保つようにしましょう。

【おすすめ問題集】
新運動テスト問題集、Ｊｒ・ウォッチャー28「運動」

問題18　分野：親子ゲーム

協調　公衆

〈問題〉　この問題の絵はありません。

（絵が描かれたカードを父親、母親、子どもに２枚ずつ渡す）

いくつかのカードから１枚選ぶ。その反対の意味のカードはどれか選び、その理由も答える。そのカードに関連した別の質問をされるので、理由とともに答える。

～質問例～

面接官：ここにカードが並べられています。１枚選んでください。
子ども：（女の子とお父さんがイヌの散歩をしているカードを選ぶ）
面接官：これと反対の意味のカードを選んでください。
子ども：（イヌが家の中で寝ているカードを選ぶ）
面接官：なぜそのカードが反対の意味だと思ったのですか。
子ども：（理由を答える）
面接官：では、あなたの好きな動物を教えてください（カードに関連する内容で追加質問）。
子ども：（好きな動物を答える）
面接官：なぜその動物が好きですか。
子ども：（理由を答える）

次にこれを、保護者が質問者となり、同様の手順で行う。

〈時間〉　適宜

〈解答〉　省略

学習のポイント

こういった親子活動（行動観察）では、保護者の方から「～しなさい」と言ってはいけません。入試の主役はあくまでもお子さまですので、お子さまの良さが伝わるように、保護者の方はリードしてください。そのリードの仕方によっては、日頃の親子関係が見えてきて、学校側はそれを汲み取って評価をします。例えば、保護者の方が質問者となった際、お子さまの目を見て質問をしているのか、というような些細なことも観られていると考えましょう。

【おすすめ問題集】

面接テスト問題集、新口頭試問・個別テスト問題

問題19　分野：お話の記憶

聞く　集中

〈準備〉　クーピーペン（青）

〈問題〉　これからお話をします。よく聞いて、後の質問に答えてください。

ある日、タヌキのポン太くんが道を歩いていると、ふしぎなものを見つけました。それは自動販売機でした。お金を入れてボタンを押すと、下からいろいろなものが出てきます。ポン太くんがお金を入れると、中からパンが出てきました。ポン太くんはそれを見て、面白いな、と思いました。そこで、ポン太くんは家に帰って、ダンボールで自動販売機を作りました。ポン太くんは自動販売機を森の広場に置くと、その中に入りました。自動販売機には、「ふしぎな自動販売機」「葉っぱを入れると、欲しいものが出てきます」と書きました。ポン太くんは葉っぱをいろいろなものに変えるのが得意なので、みんなの欲しいものを出してあげようと思いました。

最初に、クマさんが広場にやってきました。クマさんは自動販売機を見て、大喜びをしました。クマさんは「おいしいお魚がほしいなあ」と言いながら、葉っぱを自動販売機に入れました。ポン太くんは葉っぱをお魚に変えて、自動販売機の下から出しました。クマさんは魚をとると、大喜びしながら歩いていきました。その様子を見て、ポン太くんはニッコリしました。

次に、リスの姉妹がやってきました。お姉さんは、「まあ、すてき。私はきれいなネックレスが欲しいわ」と言いました。ところが妹は、「ネックレスよりも、私はリボンが欲しいわ」と言いました。ポン太くんはどちらを作ればいいのかわからず大慌てです。「ネックレスの方がキラキラしてきれいじゃない」「でも、リボンの方が目立つわよ。おそろいのリボンを着けていれば、仲良しだってわかるでしょう？」「そうね、それじゃあリボンにしましょう。自動販売機さん、リボンをください」リスの姉妹はそう言ったので、ポン太くんはリボンを自動販売機から出しました。

その後にやってきたのはイヌくんです。でも、ふらふらしています。イヌくんは、「自動販売機さん、熱を治す薬をください」と言って葉っぱを入れました。ポン太くんは困ってしまいました。そのわけは、熱を治す薬を作ったことがなかったからです。悩んでいると、前にポン太くんが熱を出した時のことを思い出しました。ポン太くんのお母さんが、おでこに赤い葉っぱを貼ってくれたのです。そこで、ポン太くんは急いで葉っぱを取りに行き、自動販売機から出しました。それから、「この葉っぱをおでこに貼ってください」と書いた手紙を出しました。イヌくんは自動販売機におじぎをすると、家に帰ってきました。

最後にやってきたのは、帽子をかぶったタヌキのタヌ美ちゃんです。タヌ美ちゃんは「一緒に遊んでくれるお友だちが欲しいです」と言って、自動販売機に葉っぱを入れました。ポン太くんは困ってしまいました。葉っぱではお友だちは作れません。しばらく考えたポン太くんは、「そうだ！」と思いついて、自動販売機の中から飛び出しました。「ぼく、ポン太っていいます。お友だちになろう」「ありがとう。私の名前は、タヌ美って言います」２人はニッコリ笑って、森の広場で仲良く遊びました。

（問題19-１の絵を渡す）

①上の段を見てください。ポン太くんが自動販売機で買ったものはどれですか。選んで○をつけてください。

②真ん中の段を見てください。２番目にポン太の自動販売機にやってきた動物に○をつけてください。

③下の段を見てください。イヌくんの欲しいものを聞いた時、ポン太くんはどんな顔になったと思いますか。絵の中から選んで○をつけてください。

（問題19-２の絵を渡す）

④絵を見てください。お話の中に出てきた動物が、上の段に描かれています。それぞれに関係するものを下の段から選び、線で結んでください。

〈時 間〉　各10秒

〈解 答〉　①右から２番目（パン）　②右端（リスの姉妹）　③左から２番目
④下図参照

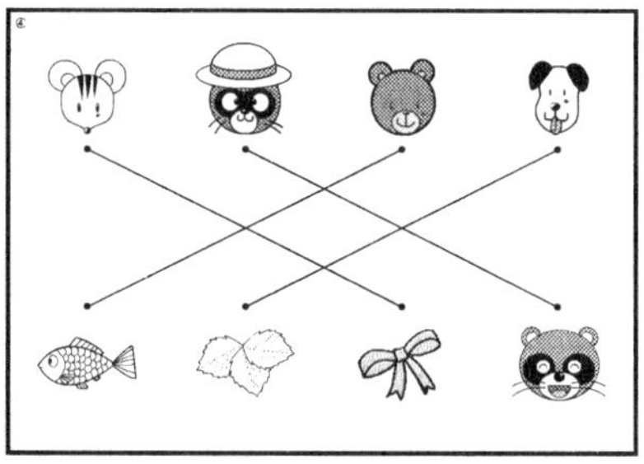

学習のポイント

お話の記憶の問題では、言うまでもなく、お話の内容をできるだけ多く覚えることが、正解できるカギになります。記憶力を伸ばすには、とにかく反復練習をすることです。問題集の問題を解くことはもちろん、さまざまな本の読み聞かせをし、そのお話の内容について質問を出して答えてもらう、これを何度も繰り返してください。読み聞かせの量をこなすことで、話の起承転結をとらえながら、話の場面をイメージして覚えるといった“覚えるコツ”のようなものが自然と身に付いてくるはずです。この問題のお話は、比較的イメージのしやすいもので、当校の入試では、確実に正解したい問題と言えるでしょう。ただし、問題④は、話全体を把握していないとわからない、少し難しい問題になっています。このお話に限らず、お話の記憶の問題では、まずは、この設問のように全体を把握できているかをチェックしてから、細部について質問をしていくとよいでしょう。

【おすすめ問題集】
1話5分の読み聞かせお話集①・②、お話の記憶 初級編・中級編・上級編、
Ｊｒ・ウォッチャー19「お話の記憶」

問題20　分野：言語

聞く　考え　観察

〈準備〉　クーピーペン（青）

〈問題〉　それぞれの段の左側の四角の中にある２つの絵を見てください。左側の絵の最初の音と、右側の絵の最後の音をつなげると、どの言葉になりますか。右側の四角の中から選んで○をつけてください。

〈時間〉　各20秒

〈解答〉　①右端（クマ）　②左から２番目（ツキ）　③左端（サイ）
④右から２番目（カキ）

学習のポイント

当校の入試では、言葉の音（おん）に関する問題が頻出しています。ということは、志望するお子さまは重点的に学習している分野であり、ほとんどのお子さまが正解するのではないかと考えられます。ですから、「取りこぼし」は避けたいところでしょう。語彙（言葉についての知識）の豊かさは、机に向かって学ぶより、生活の場面で言葉を使うことで身に付くものです。遊びに出た時、買い物に行った時など、さまざまな物を目で見て手で触れる機会があります。視覚的・触覚的に言葉を結びつけることが、脳への刺激となり、効果的に語彙を増やしていけるでしょう。日常生活の場で行う学習は、机上の学習とともに大切なものです。過度に学びに結びつける必要はありませんが、知識を増やすきっかけとしてぜひ利用してください。

【おすすめ問題集】

Ｊｒ・ウォッチャー17「言葉の音遊び」、18「いろいろな言葉」、49「しりとり」、60「言葉の音（おん）」

問題21　分野：記憶（聴く記憶）

聞く

〈準備〉　クーピーペン（青）

〈問題〉　これからクマくんが旗揚げをします。私が指示をするので、正しいクマくんの絵に○をつけてください。
①上の段を見てください。「白上げて、黒上げて、白下げないで、黒下げる。黒上げないで、白下げない」今のクマくんはどれですか。
②「黒上げて、黒下げる。白上げないで、黒上げる、白上げて、黒下げて、黒上げて、白下げない」今のクマくんはどれですか。

〈時間〉　各15秒

〈解答〉　①左から２番目　②右端

学習のポイント

この問題は、お話の記憶とは若干違った解き方になります。お話の記憶は、すべてを聞いた後に回答しますが、この問題は、問題文を聞きながらその様子を想像し、読み終えた時にその結果を答えるという形になっています。しかも、問題文は１回しか読まれませんから、正しく聞き取る力が求められています。その意味では、この問題は「指示行動」と似ています。問題文を聞き逃さずに、その動作を思い浮かべながら取り組ませることがコツだということです。例えば、配膳をする時は、「テーブルにきれいに並べた様子を思い浮かべてみよう」とひと言前置きすれば、指示が終わった時、頭の中には完成図のイメージが思い浮かべやすくなります。このような問題に取り組む時は、「今から言うことを頭に思い描きながら聞いてね」とひと言前置きして練習するよう心がけてください。

【おすすめ問題集】

Ｊｒ・ウォッチャー19「お話の記憶」、20「見る記憶・聴く記憶」

問題22　分野：数量（数の増減）

考え　観察　集中

〈準 備〉　クーピーペン（青）

〈問 題〉　**この問題の絵は縦に使用してください。**
上の段を見てください。３階建ての建物の中に、人がいます。
①１階には何人いますか。その人数だけ、下の段のトマトの部屋に○を書いてください。
②２階と３階には、合わせて何人いますか。その人数だけ、下の段のナスの部屋に○を書いてください。
③２階から３人が１階に降りて、３階から２人が２階に降りました。その後、１階から１人が３階に上がりました。今、２階には何人いますか。その人数だけ、下の段のキュウリの部屋に○を書いてください。

〈時 間〉　各15秒

〈解 答〉　①○：６　②○：８　③○：２

学習のポイント

問題は数の操作になります。数の問題としてはバランスの取れた良い問題と言えるでしょう。設問①では、正確に数を数えることができるか。設問②では、合計した数を理解できるか。設問③では、さらに人が移動し、指示された場所の人数を数えます。①～③の観点がそれぞれ違い、数の問題として、段階を踏んだ力が求められる構成となっています。お子さまが間違えた時は、どのプロセスを間違えたのか把握しておきましょう。お子さまは、すべてがわからないのではなく、思考過程のどこかで正解を導くプロセスの１つを間違えているのです。どこで間違えたかを知るには、お子さまに解き方を説明してもらう方法がおすすめです。お子さまを先生に見立てて、解き方を説明してもらうと、お子さまの考え方がわかりやすくなります。恐らく説明の途中に自分で間違いに気づくかもしれませんし、そうでなくても保護者の方が間違えたポイントを把握することができます。

【おすすめ問題集】

Ｊｒ・ウォッチャー14「数える」、38「たし算・ひき算1」、39「たし算・ひき算2」、40「数を分ける」、43「数のやりとり」

問題23　分野：図形（回転図形）

観察　考え

〈準備〉　クーピーペン（青）

〈問題〉　**この問題の絵は縦に使用してください。**
それぞれの段の左側の絵を、▲印が右側の位置にくるまで回転させました。絵の中の○はどのように移動しますか。右側のマスの中に、クーピーペンで書いてください。

〈時間〉　各20秒

〈解答〉　下図参照

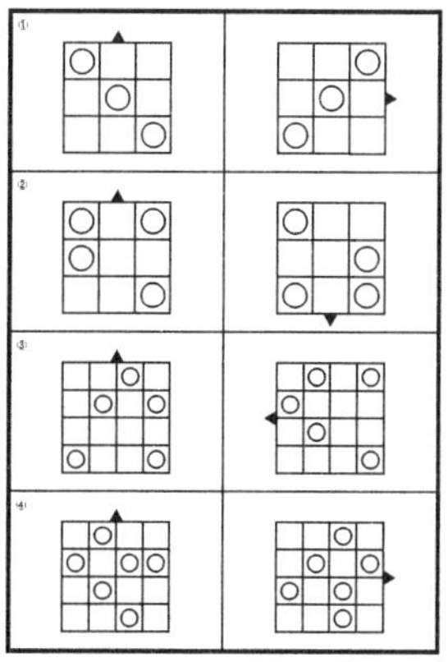

学習のポイント

「回転図形」に限らず、「同図形探し」「鏡図形」など、図形に関する分野は当校の入試では頻出です。回転することで図形にある記号の位置や図形がどのように変化するかを理解することが、この問題を解くためには必要です。ご家庭での学習では、実際に紙を回して答えを見つけたり、確認することは有効ですが、実際の入学試験では問題用紙は綴じられていますし、解答時間も限られているので、問題用紙を回転させて答えることはできないと思っておいた方がよいでしょう。こういった問題ではまず、回転することで記号の位置がどう変わるのか、見え方がどう変わるのかを、具体物を使用して把握する必要があります。具体物を使用して学習することで、合成、対称、180°回転したとき、鏡図形との違いなども把握することができます。その上で、ペーパーの問題練習を取り入れ、少しずつ難しさを上げていきましょう。間違うことを悪いことと捉えるのではなく、学力アップの要素ととらえるようにすると、焦ることがなくなると思います。

【おすすめ問題集】

Ｊｒ・ウォッチャー２「座標」、46「回転図形」、47「座標の移動」

問題24　分野：図形（パズル）

観察　考え

〈準備〉　クーピーペン（青）

〈問題〉　それぞれのパズルの一部が抜けています。その部分に入る絵を、下の段の中から選んで○をつけてください。

〈時間〉　各20秒

〈解答〉　①右上　②右下

学習のポイント

図形分野の問題では、ある程度の「空間認識力」が必要です。この問題も、空いている部分と選択肢の位置関係がどうなっているのかがわかれば、解答できるでしょう。解き方としては、まず、不要な選択肢を排除し、選択肢の数を減らしてください。最初の段階では、どこが違うのか、小さく印をつけておくと後で見直すときに時間を節約できます。次にどこかわかりやすいポイントを決め、その部分の違いを見つけて正解を求めていきます。パズルは当校の頻出分野ですから、しっかりと取り組みましょう。

【おすすめ問題集】

Ｊｒ・ウォッチャー３「パズル」

問題25　分野：お話の記憶　　聞く　集中

〈準備〉　クーピーペン（青）

〈問題〉　これからお話をします。よく聞いて、後の質問に答えてください。

クマさんは森のお医者さんです。看護師はアライグマさんです。クマさんの病院には、毎日いろんな動物がやってきます。
最初にやってきたのはワニさんです。ワニさんの大きな口は、アゴが外れてぶらぶらしていました。「これは大変だ。すぐにくっつけないと」クマさんとアライグマさんはワニさんのアゴをしっかりくっつけて、包帯を巻いてあげました。「ありがとう、クマさん。さっき、カバさんが大きなあくびをしてたのが面白くて、ぼくも真似してみたんだ。そうしたら、アゴが外れて戻らなくなっちゃったんだ」「もう大丈夫です。でも、包帯が取れるまでは、あまり大きく口を開けてはいけませんよ」と言いました。
その次は、ニワトリさんとカラスさんがやってきました。「先生、大変だよ！ぼくとニワトリさんでどっちが大きい声を出せるか勝負してたら、ニワトリさんの声が出なくなっちゃったんだ！」「それはいけない。喉を見てみましょう」クマさんが小さなライトと鏡でニワトリさんの喉を見ました。「やっぱりはれていますね。お薬を出しましょう」アライグマさんはお薬をニワトリさんとカラスさんに渡しました。すると先生は「カラスさんも大きな声を出したから、お薬を飲んでおきなさい。いいですね？」と言いました。
最後にやってきたのはカバさんでした。「先生、鼻が痛いんです」「カゼでしょうか。熱を測ってみましょう」クマさんは体温計でカバさんの熱を測りました。でも、おかしいところはありません。次にクマさんは、カバさんの手を持って、脈を測ってみました。でも、おかしいところはありません。最後にクマさんは、カバさんの鼻に聴診器を当ててみました。するとびっくり、中から「せまいよー、出してよー」と声が聞こえてきました。「これは大変だ。カバさん、少しじっとしていてください。アライグマさん、ピンセットを持ってきてください」クマさんは、カバさんの鼻の穴にピンセットを入れました。すると、中からカブトムシさんが出てきました。「ありがとうございます、先生。あくびをしていたカバさんの鼻に、うっかり入ったら出られなくなっちゃったんです」「先生、鼻が治りました！ありがとうございます！」「よかったよかった。2人とも、これからは気をつけてくださいね」と言うと、カバさんもカブトムシさんも頷きました。

（問題25の絵を渡す）
①1番上の段を見てください。ワニさんが真似をした動物はどれですか。○をつけてください。
②上から2番目の段を見てください。ニワトリさんと一緒に来た動物はどれですか。○をつけてください。
③上から3番目の段を見てください。お話に出てきた虫に○をつけてください。
④1番下の段を見てください。お話に出てこなかった道具に○をつけてください。

〈時間〉　各10秒

〈解答〉　①右から2番目（カバ）　②左端（カラス）　③右端（カブトムシ）
④右から2番目（注射器）

学習のポイント

病院でのお話です。やってくる動物と症状をしっかりと結びつけて覚えていなければなりません。初めのうちは、お話に出てくる要素を覚えきれないお子さまも多いと思います。もし、混乱してしまうようであれば、内容を整理することも意識しながら読み聞かせをしてください。ただし、読み聞かせを行う時は、学習として行うのではなく、遊びのようにリラックスして行いましょう。お話の内容を問いかける時も、普通の会話として行います。このように何度か練習を繰り返してから、改めてお話の記憶の問題に取り組むと、普通の読み聞かせと同じだと感じられ、苦手意識も軽くなり、しっかりと答えることができるでしょう。間違えることは悪いことではありません。大切なことは、お子さまが間違いやすいポイントを、保護者の方が知ることです。内容や量、お話の順番など、間違いやすい問題があると思います。そうした内容が多く出てくる絵本を選んで読み聞かせを行うことをおすすめします。

【おすすめ問題集】

1話5分の読み聞かせお話集①・②、お話の記憶 初級編・中級編・上級編、
Ｊｒ・ウォッチャー19「お話の記憶」

問題26 分野：言語（頭音つなぎ）

考え 語彙

〈準 備〉 クーピーペン（青）

〈問 題〉 左側の四角を見てください。この中にあるものの名前の、1番最初の音をつないだ時にできる名前のものを、右側から選んで○をつけてください。

〈時 間〉 各20秒

〈解 答〉 ①左端（ラクダ） ②右から２番目（スイカ） ③右端（ニワトリ）
④左から２番目（タケノコ）

学習のポイント

左側に描かれた絵をそのまま順番につないでも解答を見つけることはできません。絵の順番を入れ替えてすぐに解答を見つけられれば良いのですが、なかなか見つからない場合が多いでしょう。１つの考え方として、並べ替えるのではなく、選択肢の方を見て解答を考える方法があります。一番上の問題を参考に説明します。まず、頭音で特徴のある言葉を探します。この場合、ダチョウの「ダ」であったり、ライオンの「ラ」などがあります。この音が、選択肢に描かれてあるものがあるか無いかで、解答のあたりをつけることができます。まず、「ダ」に注目すると、ラクダ、ダルマ、パンダの３つに絞ることができます。次に「ラ」に注目すると、ラクダだけがあてはまるので、解答がわかります。こうした解き方もあることを知っておくと、解答に詰まった時に発想を転換することができます。そのほかには、問題に描かれてあるものの名前の音の数と、選択肢の絵の音の数が違う場合は選択肢から外すことができるという考え方もあります。このように、問題を解くアプローチは多いに越したことはありません。いろいろと試してみましょう。

【おすすめ問題集】

Ｊｒ・ウォッチャー17「言葉の音遊び」、60「言葉の音（おん）」

問題27　分野：図形（展開）

観察

〈準 備〉　クーピーペン（青）

〈問 題〉　左側の絵を見てください。絵のように折り紙が折られています。この折り紙を開いたら、折り目はどのようについていますか。右側の絵の中から選んで○をつけてください。

〈時 間〉　各30秒

〈解 答〉　①右端　②左から２番目　③右端　④左から２番目

学習のポイント

ふだんの遊びの中で折り紙に慣れ親しんでいるか、そうでないかによってこの問題の難しさは大きく変わってきます。実物を使わずに、頭の中で折り紙を折る動作をイメージできれば、この問題の趣旨はすぐに理解できるでしょう。問題で何を問われているか、お子さまが理解できていないようであれば、折った紙を頭の中で思い浮かべられるような練習から始めます。まずはお子さまの目の前で折り紙を実際に折って、どのような折り目がつくか見せます。二つ折りから始めてください。同じ二つ折りでも、折る場所によって実際につく折り目がまったく違うことがわかると思います。大体わかるようになったら、実際に問題に取り組んでみましょう。答え合わせの際も実際に折り紙を折って確認すると、どこを間違えたのかイメージしやすくなります。③④は折り方が複雑ですが、基本的な考え方は変わりません。わからなくなったら実物を使用して確認することを徹底してください。

【おすすめ問題集】

Ｊｒ・ウォッチャー５「回転・展開」

問題28　分野：図形（回転）

観察　集中

〈準 備〉　クーピーペン（青）

〈問 題〉　絵を見てください。左側のネックレスが右側の絵の向きになった時、黒い丸はどこに来るでしょうか。その部分を青のクーピーペンで塗りつぶしてください。

〈時 間〉　15秒

〈解 答〉　下図参照

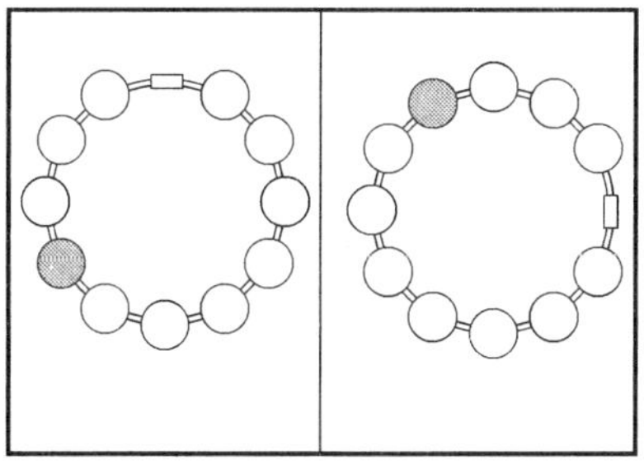

学習のポイント

珍しい出題形式ですが、問題の趣旨は、絵が回転した時に指定された部分がどこに移動するかを答えることです。慣れない出題形式の場合、お子さまは難しいと構えてしまう場合があります。そのような場合に備えて、慣れている問題に置き換えて考える練習をしましょう。この問題は回転図形の問題と同じです。ネックレスを繋ぐ部分がどれだけ動いたかを見れば、ネックレスがどれだけ回転したかも推測できます。このように、問題の趣旨、わかりやすくいえば答えを求めるためのお約束を読み取る力は、この問題に限らず、さまざまな問題で必要とされます。わからないことがあった場合、最初から答えを聞くのではなく、どうやったら答えを求められるか、お子さまが自分自身で考える姿勢を身につけることが大事です。

【おすすめ問題集】

Ｊｒ・ウォッチャー５「回転・展開」、50「観覧車」

問題29　分野：工作・巧緻性

聞く　集中

〈準備〉　折り紙（10色程度、各２枚用意。問題29-１の左側の絵のように、１枚は４等分に切り分け、もう１枚は星印を書いておく）、スティックのり、カゴ、テーブル（２台、折り紙10枚を並べられる程度の大きさ）

〈問題〉　**この問題は絵を参考にしてください。**

（準備した折り紙、スティックのり、テーブルを問題29-１の右側の絵のように設置しておく）

①星印のついた折り紙を５枚持ってきてください。好きな色のものを選んで良いですよ。

②（問題29-２の絵を見せる）持ってきた折り紙と同じ色の紙を１枚ずつ使って、この絵のように輪がつながったものを作りましょう。輪を作ってつなげる作業は、のりと細く切った折り紙を置いたテーブルで行ってください。できあがったらテーブルの横のカゴに入れてください。

③次は、星印のついたカードを３枚持ってきてください。持ってきたら、さっきと同じように、同じ色で輪のつながったものを作って、カゴの中に入れてください。

〈時間〉　適宜

〈解答〉　省略

学習のポイント

作業自体は難しくはありません。紙を取り、その色と同じ色の紙で輪をつなげていくだけです。この単純な作業ですが、観るポイントはいくつもあります。指示を聞けているか、のりをつける量・面積が適切か、のりで貼ったとき、しっかりついているか、そして、作業が終わった後、蓋をきちんとしているか、などが観られます。また、使用していない折り紙が床に落ちていたり、バラバラになった状態ではなく、ある程度整理をした状態で終われるようにしたいものです。片付けはこの問題に限らず、入学試験においては盲点となります。取り組むことは一生懸命行いますが、終わるとホッとして緊張感が途切れてしまい、片付けや最後の指示を忘れてしまうという場合が多く見られるからです。普段から最後まできちんと片付ける習慣をつけましょう。習慣づけることは一朝一夕には身に付きません、保護者の方が根気よく教えてください。ポイントは、「〇〇しなさい」という指示ではなく、「何か忘れていない？」と気付かせる言葉かけを繰り返し行い、自発的な行動を起こさせることです。

【おすすめ問題集】
実践 ゆびさきトレーニング①②③ 、Ｊｒ・ウォッチャー23「切る・貼る・塗る」

問題30 分野：お話の記憶

聞く　集中

〈準 備〉 赤のクーピーペン

〈問 題〉 お話をよく聞いて、後の質問に答えてください。

バクくんは、寝ている時に見る夢を食べることができます。ある日、バクくんが歩いていると、お昼寝をしているクマさんを見つけました。「どんな夢を見ているのかな」バクくんがクマさんの夢をのぞいてみると、夢の中のクマさんは畑でメロンをとっていました。「おいしそうだなあ。いただきます」バクくんが夢を食べると、メロンの味がしました。夢を食べられたクマさんは、目を覚まして残念そうな顔をしました。「おいしそうなメロンだったのに、食べられなかったなあ」

次にバクくんは、寝ているキツネくんを見つけました。バクくんがキツネくんの夢をのぞいてみると、夢の中のキツネくんはタヌキくんとキャッチボールをして遊んでいました。「どんな味がするのかな。いただきます」バクくんが夢を食べると、ブドウの味がしました。すると、キツネくんが目を覚ましました。「おかしいなあ。タヌキくんと遊んでたんだけど。バクくん、今何時だい？」バクくんが時計を見ると３時でした。「大変だ！　３時にタヌキくんと一緒に遊ぶ約束をしてたんだ！」キツネくんは飛び起きて、公園へ走っていきました。

バクくんが歩いていると、今度はカラスくんが木にとまって寝ていました。カラスくんはうとうとして、木から落ちそうです。バクくんはカラスくんの夢をのぞいてみました。カラスくんは運動会のかけっこで一等賞になる夢を見ていました。バクくんが夢を食べようとすると、カラスくんが木から落ちて、バクくんにぶつかってしまいました。「おお、いたいいたい」バクくんもカラスくんも、頭を押さえて大騒ぎです。「バクくん、ケガはないかい」「うん、大丈夫だよ」カラスくんはバクくんに謝ると、家に帰りました。

バクくんが家に帰ると、ネコちゃんがこたつで寝ていました。「こたつで寝てると、風邪を引いちゃうよ！」バクくんは言いましたが、ネコちゃんは起きてくれません。「しょうがない。夢を食べて起こそう」しかし、バクくんが夢をのぞいても、こたつで寝ているネコちゃんしか見えません。「どうしてだろう」バクくんが困っていると、ネコちゃんが目を覚ましました。「ああ、よく寝た。おはよう、バクくん」「おはよう。ネコちゃん、どんな夢を見てたの？」「夢？　こたつで寝てる夢を見たよ」ネコちゃんは夢の中で寝てたようです。

（問題30－１の絵を渡す）
①絵を見てください。お話に出てきた順番に、動物の絵を線で結んでください。左上のバクが描かれている○から始めましょう。
（問題30－２の絵を渡す）
②上の段を見てください。クマさんの夢はどんな味でしたか。合っている果物の絵に○をつけてください。
③真ん中の段を見てください。キツネくんがタヌキ君と遊ぶ約束をしていたのは何時ですか。絵の中から選んで○をつけてください。
④下の段を見てください。カラスくんの夢と同じことをしている絵に○をつけてください。

〈時間〉　①30秒　②～④10秒

〈解答〉　①下図参照　②右から２番目　③左から２番目　④左端

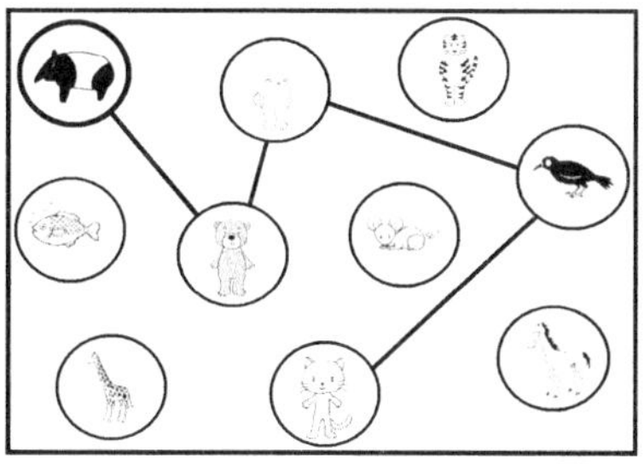

学習のポイント

小学校入試に出てくるお話には、童話のように動物が人間の言葉をしゃべるお話もあれば、日常生活が舞台で動物が言葉を話さない、より現実に近いお話もあります。お話ごとに違った世界があるとお子さまが理解するには、さまざまなジャンルのお話に触れるのがよいでしょう。さまざまなテーマ、世界観のお話を聞くと、この問題の「夢を食べるバク」のような、あまり耳にしないテーマや設定のお話でも、自然と頭の中に情景を思い浮かべることができるでしょう。また、イメージができるようになると、内容を覚えるのも楽になりますし、質問に答えることもできるようになります。

【おすすめ問題集】
１話５分の読み聞かせお話集①・②、お話の記憶 初級編・中級編・上級編、
Ｊｒ・ウォッチャー19「お話の記憶」

問題31　分野：複合（推理・数量）

聞く　考え　観察

〈準備〉　赤のクーピーペン

〈問題〉　（問題31-1の絵を渡す）

絵を見てください。さまざまな人たちが公園で遊んでいます。

①渡した絵の中に、ふたばちゃんがいます。ふたばちゃんは髪を2つに結んでいます。明日は学校で運動会があるので、ふたばちゃんは体操服を着て応援の練習をしています。

では、絵の中からふたばちゃんを探して○をつけてください。

（問題31-2の絵を渡す）

②1枚目の絵に描かれているボールの中で、引いてある線の数が1番少ないボールを、2枚目の絵の上の段から探して△をつけてください。

③黒い箱の中には6個のボールが入っていました。絵の中でボール遊びをしている子どもは、みんな箱の中にあったボールを使っています。箱にはあと何個ボールが残っているでしょうか。その数だけ2枚目の絵の下の段に○を書いてください。

〈時間〉　各1分

〈解答〉　①下図参照　②右から2番目　③○：2

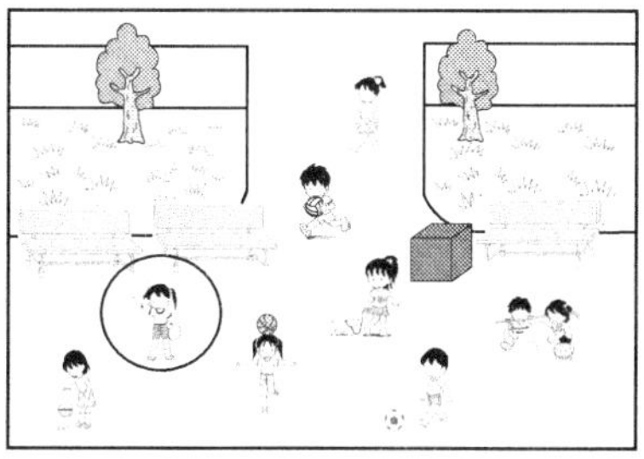

学習のポイント

まずは、それぞれの問題で何を聞かれているのか、どのように答えるのかを正しく把握しましょう。①②の問題では、さまざまなものが描かれた絵の中から、質問されたものを見つける問題です。①は「髪を2つ結びにして体操服を着ている女の子」、②は「ボール」に注目してから答えを探せば、解答までの時間は早くなります。③は計数の問題です。簡単なたし算、ひき算ができると受験では有利になるので、日常生活の中で「数える」という考えと動作を意識してみてください。

【おすすめ問題集】

Ｊｒ・ウォッチャー14「数える」、15「比較」、38「たし算・ひき算1」、39「たし算・ひき算2」、41「数の構成」

問題32　分野：言語（言葉探し）

語彙

〈準備〉　赤のクーピーペン

〈問題〉　絵をよく見てください。この中には、名前の中に「か」がつくものがいくつかあります。「か」のつく絵をたどって、左上の矢印から右下の矢印まで進んでください。タテ・ヨコには進めますが、ナナメには進めません。

〈時間〉　２分

〈解答〉　カニ→カタツムリ→カボチャ→シカ→ミカン→イルカ→カキ

学習のポイント

当校の入試では頻出の言葉探しの問題です。同じ音の言葉を探す場合、名前の最初の音に目が行きがちですが、この問題の、「シカ」「ミカン」のように、言葉の途中や語尾に使われていることもあるので、注意しましょう。言葉探しの問題は語彙力が問われます。しりとりやなぞなぞなど、言葉を使った問題では、関連するさまざまな言葉が次々に浮かぶお子さまの方が、早く正確に答えることができるようです。日常生活にしりとりなどの「言葉遊び」を取り入れて、語彙を増やしていきましょう。

【おすすめ問題集】

Ｊｒ・ウォッチャー17「言葉の音遊び」、49「しりとり」、
60「言葉の音（おん）」

問題33　分野：図形（同図形探し）

観察　集中

〈準備〉　青のクーピーペン

〈問題〉　それぞれの段の左側の四角の中の絵と同じものを、右側の四角の中から選んで○をつけてください。

〈時間〉　各10秒

〈解答〉　①右から２番目　②左端　③右端　④右から２番目

学習のポイント

絵や図形を見比べ、間違いを見つけ出す能力が問われます。１問にかけられる時間が少ないので、素早く、正しい絵を見つけ出す必要があります。問題自体は落ち着いて取り組めば決して難しいものではありません。手順としてはまず、絵の全体が違うものは除外します。次に、一見すると同じに見える絵を比較していきます。この時はじめて絵の輪郭やシルエットだけでなく、模様や線の方向にも注目します。「全体→細部」という流れで絵を見ると見落としが少なくなるでしょう。

【おすすめ問題集】

Ｊｒ・ウォッチャー４「同図形探し」

問題34　分野：お話の記憶

聞く　集中

〈準備〉　青のクーピーペン

〈問題〉　お話をよく聞いて、後の質問に答えてください。

今度の日曜日は、ふたばちゃんの弟のふたろう君の４歳のお誕生日です。お父さんとお母さんとふたばちゃんの３人は、お誕生日会の準備をすすめています。

プレゼントを用意するのは、お父さんの役目です。お父さんは、ふたろう君がずっと前から欲しがっていた機関車のおもちゃをプレゼントすることにしていました。お父さんはお仕事の帰りにデパートに寄って、大きな包みを抱えて帰ってきましたが、まだ金曜日なので、包みを冷蔵庫の上に隠しました。

ケーキを用意するのはお母さんの役目です。お母さんは、お料理は上手ですが、お菓子作りは得意ではありません。でも、土曜日、ふたろう君が眠ってから、一生懸命にケーキを作りました。イチゴとリンゴとキウイフルーツののった、かわいいケーキです。お母さんはできあがったケーキをきれいな箱にしまい、冷蔵庫の１番上の棚に入れました。その場所なら、ふたろう君からは見えません。

お部屋の飾り付けは、ふたばちゃんの役目です。ふたばちゃんは少し前から、ふたろう君には内緒で、折り紙のお花やチェーンを作ってきました。今夜は、チェーンをつなげていく作業をしています。９時頃、お母さんが言いました。「それだけあれば、もうじゅうぶんよ。もう寝なさい」

そして日曜日、どうやらふたろう君は怖い夢を見たようで、朝からずっと泣いています。そこで、朝ごはんのあと、お父さんがふたろう君を公園に連れて行くことにしました。ふたろう君がお父さんとお出かけしている間に、ふたばちゃんは、お母さんに手伝ってもらって、お家の中を折り紙のお花とチェーンで賑やかに飾り付けました。

お父さんとふたろう君が帰ってきた時には、準備はぜんぶ終わっていました。ふたろう君は、飾り付けを見てびっくりしました。「わあ！今日はぼくの誕生日だった！」けれども、ケーキを見ると、少しがっかりしたようでした。「ぼく、チョコレートのケーキがよかったよ！」でも、お母さんが「チョコレートなら中に入っているわよ」と言うと、ふたろう君はうれしそうな顔をしました。

さあ、いよいよプレゼントを渡す番です。お父さんから大きな包みを受け取ったふたろう君は、中に入っている物を見てもう大喜び。「わあ！機関車だ！ずっと前から欲しかったんだ！ありがとう！」ふたばちゃんはふたろう君が喜ぶ顔を見て、自分までとてもうれしくなりました。

（問題34－１の絵を渡す）

この問題の絵は縦に使用してください。

①お話に出てきたものをさがして○をつけてください。

②お話の順番がバラバラになっています。正しい順番になるように線で結んでください。右下の絵から始めましょう。

（問題34－２の絵を渡す）

③お母さんがふたばちゃんに「もう寝なさい」と言ったのは、何時頃ですか。１つ選んで○をつけてください。

④プレゼントを見たふたろう君の様子を見て、ふたばちゃんはどんな顔をしましたか。合っていると思う絵を選んで、○をつけてください。

〈時 間〉　①②③：各１分　④：15秒

〈解 答〉　①リンゴ・冷蔵庫・イチゴ・機関車のおもちゃ・キウイフルーツ
②下図参照　　③左から２番目　　④右端

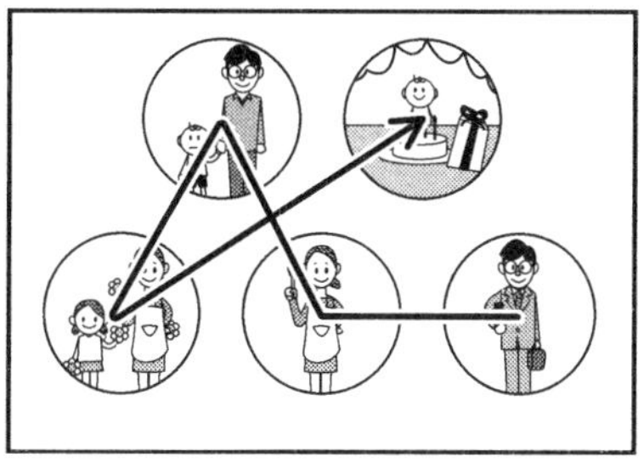

学習のポイント

当校入試の「お話の記憶」の課題では、比較的長い「お話」が出されます。それほど難しい内容ではありませんが、ある程度、慣れておいた方がよいでしょう。子ども向けの絵本や短いお話から始めて、少しずつお話を長く、難しくしながら、「聞く」練習、「記憶する」練習をしていってください。お話を記憶するコツは、お話の情景や登場人物の表情を思い浮かべたり、主人公の気持ちを想像したりしながら聞くことです。ふだんの読み聞かせの時にも、お話の途中で内容についての質問をし、終わった後にお話のあらすじを話させるなどして、お子さまがより注意を傾けてお話を聞くように促していきましょう。お話を聞くこと、要点をつかみ、指示を覚えることは、小学校受験だけでなく、小学校や社会でさまざまなことを学んでいく上でとても大切なことです。「お話の記憶」の練習を通し、それらの素養を身に付けていけるとよいでしょう。

【おすすめ問題集】

１話５分の読み聞かせお話集①・②、お話の記憶 初級編・中級編・上級編、
Ｊｒ・ウォッチャー19「お話の記憶」

問題35　分野：常識（昔話）

知識

〈準備〉　青のクーピーペン

〈問題〉　絵をよく見て質問に答えてください。
①キジが出てくるお話の絵に○をつけてください。
②「シンデレラ」と「おむすびころりん」の両方に出てくる動物に○をつけてください。

〈時間〉　各15秒

〈解答〉　①左から２番目（桃太郎）　②右から２番目（ネズミ）

学習のポイント

童謡や昔話、童話は、小学校入試における「常識」の課題の題材として、理科的知識を問うものや、公共の場でのルールやマナーを問うものなどと並び、よく扱われるものの１つです。有名な童謡、昔話や童話については、ひと通り触れておくとよいでしょう。
「常識」は、ふだんの生活における実体験を通して身に付けていくのが望ましいとされます。お子さまには、歌をたくさん聞かせ、お話をたくさん読み、さまざまなものを見せ、さまざまな場所に連れて行ってあげてください。実際に体験することが難しいことがらについては、図鑑や映像作品などを利用して学んでいってください。多くのことに触れる中から、お子さまが興味を持ったことについて一緒に調べたり、保護者の方が気づいたことをお子さまと一緒に驚くなどして、お子さまが体験からさまざまなことを自ら学んでいけるようにしましょう。

【おすすめ問題集】
１話５分の読み聞かせお話集①・②

問題36　分野：言語（言葉探し）

語彙

〈準備〉　青のクーピーペン

〈問題〉　絵をよく見てください。この中から、２番目に「ん」のつくものを探して、○をつけてください。

〈時間〉　１分

〈解答〉　洗濯機・ペンギン・マンボウ・ニンジン・カンガルー・ドングリ・テントウムシ・けん玉

学習のポイント

いくつかの言葉の最初の音をつなげてできる言葉、言葉の中に別の言葉が含まれる言葉など、「言葉探し」の問題は、当校入試において頻出となっています。言葉は、ものごとを理解し考えるための大切な道具です。ふだんの生活を通してたくさんの言葉をお子さまに聞かせ、お子さまの語彙をどんどん増やしていきましょう。その際には、幼児言葉や方言ではなく、できるだけ一般的な呼び方で覚えるようにしてください。言葉遊びやなぞなぞには、お子さまが言葉を正しく覚えているかどうかをチェックすることができるため有効です。工夫次第でいくらでも題材を作ることができ、外出先でも手軽にできる遊びですので、積極的に取り入れ、楽しみながら言葉を覚えていけるとよいでしょう。

【おすすめ問題集】
Ｊｒ・ウォッチャー17「言葉の音遊び」、49「しりとり」、
60「言葉の音（おん）」

問題37　分野：数量（数をかぞえる）　観察

〈準備〉　青のクーピーペン

〈問題〉　絵をよく見て質問に答えてください。
①左上の絵を見てください。ボウリングのピンは何本ありますか。その数だけ、右上の四角の中に○を書いてください。
②左下の絵を見てください。ボウリングのピンは何本倒れましたか。その数だけ、右の真ん中の四角の中に○を書いてください。
③左下の絵を見てください。倒れずに残っているピンの数は何本ですか。その数だけ、右下の四角の中に○を書いてください。

〈時間〉　各30秒

〈解答〉　①○：10個　②○：６個　③○：４個

学習のポイント

「数量」の問題としてはごく基礎的な内容ですが、このような問題にあたるためには、数の概念をしっかり身に付けている必要があります。おはじきなどの具体物を使って練習し、数をかぞえることに親しんでいってください。また、ふだんの生活において、数を意識する場面を少しずつ増やしていくことも重要です。お手伝いを頼む際に「〇〇を５つ持ってきて」というように数を指定したり、ケーキを切り分ける作業を一緒にしたりといった工夫により、お子さまが数に触れる機会をつくることができます。そうした経験を積み重ねていけば、単に数をかぞえるだけでなく、いずれ「足す」「引く」などの操作を頭の中で行うことができるようになっていくでしょう。

【おすすめ問題集】
Ｊｒ・ウォッチャー14「数える」、38「たし算・ひき算１」、39「たし算・ひき算２」、
41「数の構成」

問題38　分野：図形（同図形さがし・運筆）　観察　集中

〈準備〉　青のクーピーペン

〈問題〉　**この問題の絵は縦に使用してください。**
絵をよく見てください。上の四角の中にあるお手本と同じになるように、下の四角の中の絵に線を引いてください。

〈時間〉　1分

〈解答〉　下図参照

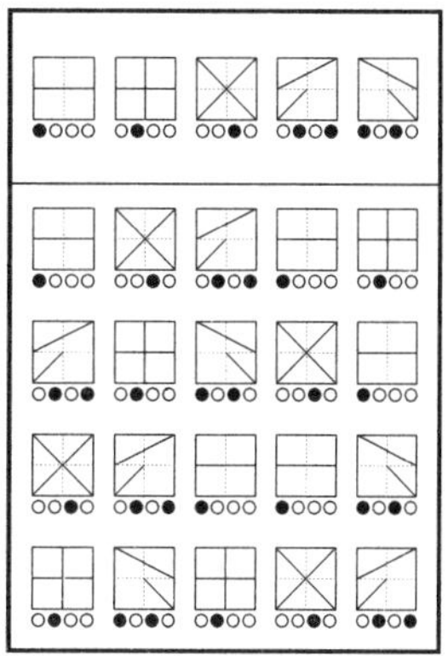

学習のポイント

●の数と位置で異なる線図形を約束として示し、その約束に従って線図形を描かせる置き換えの要素を含んだ問題です。見本の種類が多いこと、設問の数が多く並びが不規則であることなどから、多くの受験生が混乱してしまったようです。このような図形の問題では、解き進めるスピードも重要ですが、確実に答えていくことも重要です。学習の段階においては、設問の意図を汲み、解き方を理解した上で、１つひとつに落ち着いて取り組むことが大切です。図形分野に苦手意識を持つ子の多くは、「何を言われているかわからない」ことに原因があります。さまざまな出題形式に触れて解き方を身に付けていくことで、少しずつ「言われていること」がわかり、だから「どう考えればいいか」もわかるようになっていきます。結果的に、基本的な取り組みを疎かにしないことが、ゆくゆくは解答のスピードを上げ、見慣れない出題にも慌てずに対処できることにつながるのです。本問の場合は、「１つひとつ上の見本から同じものを探しながら進めていく」よりも、「見本左端のパターンのみを探して完成させ、隣の見本のパターンに移る」方が、速く解きやすいやすいかもしれません。このように時間のかかりそうな問題にあたった場合でも、速く解ける方法を身に付けておきましょう。

【おすすめ問題集】

Ｊｒ・ウォッチャー４「同図形探し」、51「運筆①」、52「運筆②」

問題39　分野：数量（一対多の対応）

観察　考え

〈準 備〉　青のクーピーペン

〈問 題〉　絵を見てください。お友だちが自転車に乗っていますが、塀でタイヤが隠れています。タイヤはぜんぶでいくつありますか。その数だけ、下の四角の中に○を書いてください。

〈時 間〉　30秒

〈解 答〉　○：12個

学習のポイント

数量分野の「１対多の対応」の問題です。１対多の対応では、「女の子が３人いて、それぞれアメを２つ持っている。この時アメはぜんぶでいくつか」といった問題でかけ算の考え方に触れ、「モモ２個で１つの缶詰を作るとして、10個のモモから缶詰はいくつ作れるか」といった問題でわり算の考え方を学びます。１対多の対応の問題は、10～20程度までの数について理解し、簡単なたし算・ひき算ができるようになってからでないと、理解は難しいかもしれません。まずは数の概念をしっかり理解することから始めましょう。なお、小学校受験においては10までの数の問題が一般的ですが、学校によっては20ぐらいまでの数が出題されることもあります。

【おすすめ問題集】

Ｊｒ・ウォッチャー14「数える」、42「一対多の対応」

問題40　分野：図形（パズル）

観察　集中

〈準 備〉　緑のクーピーペン

〈問 題〉　**この問題の絵は縦に使用してください。**
絵をよく見てください。下の四角の中の右側と左側にある形からそれぞれ１つずつ選んで、上の見本と同じ形を作ってください。形は回転してもよいですが、裏返してはいけません。組み合わせるものを、線で結びましょう。

〈時 間〉　１分

〈解 答〉　下図参照

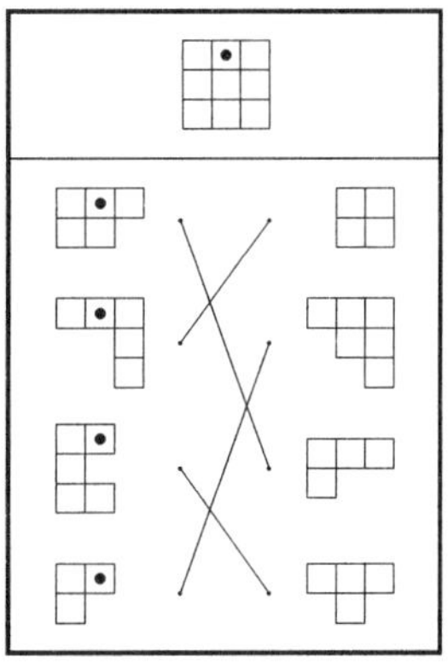

学習のポイント

図形問題に慣れるまでは、実物や具体物を使って、確実に理解をさせながら練習するようにしてください。本問では、右側の図形を回転させることにより左側の図形と組み合わせることができるようになりますが、そういった操作を頭の中だけで行うのは幼児にとって難しいことです。しかし、実物を手元に置いて動かしながら考えるのであれば、比較的容易に「回転させる」ということが理解できるでしょう。パズルやタングラム、折り紙などのほか、さまざまな知育玩具での遊びを通して、普段から図形を操作することに親しんでおくことにより、頭の中で形を動かすことがイメージしやすくなります。図形の持つ特性や法則性（同じ三角形を２つ合わせると四角形ができる等）を、お子さま自身が感覚的に理解していけるようにするためにも、上述したような図形に関する遊びを大切にしてください。

【おすすめ問題集】

Ｊｒ・ウォッチャー３「パズル」、54「図形の構成」

横浜雙葉小学校　専用注文書

年　　月　　日

合格のための問題集ベスト・セレクション

＊入試頻出分野ベスト３

1st　お話の記憶

集中力　聞く力

2nd　図　形

観察力　思考力

3rd　言　語

聞く力　話す力　創造力

長時間に及ぶ試験なので、１つひとつ集中することが大切です。さらに、問題内容も高い学力を求められるものが多いので、万全な対策を取る必要があります。

分野	書　名	価格(税抜)	注文	分野	書　名	価格(税抜)	注文
図形	Ｊｒ・ウォッチャー 3「パズル」	1,500 円	冊	図形	Ｊｒ・ウォッチャー 46「回転図形」	1,500 円	冊
図形	Ｊｒ・ウォッチャー 4「同図形探し」	1,500 円	冊	言語	Ｊｒ・ウォッチャー 49「しりとり」	1,500 円	冊
図形	Ｊｒ・ウォッチャー 5「回転・展開」	1,500 円	冊	図形	Ｊｒ・ウォッチャー 54「図形の構成」	1,500 円	冊
数量	Ｊｒ・ウォッチャー 14「数える」	1,500 円	冊	常識	Ｊｒ・ウォッチャー 56「マナーとルール」	1,500 円	冊
数量	Ｊｒ・ウォッチャー 15「比較」	1,500 円	冊	数量	Ｊｒ・ウォッチャー 58「比較②」	1,500 円	冊
言語	Ｊｒ・ウォッチャー 17「言葉の音遊び」	1,500 円	冊	言語	Ｊｒ・ウォッチャー 60「言葉の音（おん）」	1,500 円	冊
言語	Ｊｒ・ウォッチャー 18「いろいろな言葉」	1,500 円	冊		お話の記憶　中級編・上級編	2,000 円	各　冊
記憶	Ｊｒ・ウォッチャー 19「お話の記憶」	1,500 円	冊		1 話 5 分の読み聞かせお話集①②	1,800 円	各　冊
記憶	Ｊｒ・ウォッチャー 20「見る記憶・聴く記憶」	1,500 円	冊		新 個別テスト・口頭試問問題集	2,500 円	冊
巧緻性	Ｊｒ・ウォッチャー 23「切る・貼る・塗る」	1,500 円	冊		新 運動テスト問題集	2,200 円	冊
行動観察	Ｊｒ・ウォッチャー 29「行動観察」	1,500 円	冊		面接テスト問題集	2,000 円	冊
数量	Ｊｒ・ウォッチャー 38「たし算・ひき算 1」	1,500 円	冊		面接最強マニュアル	2,000 円	冊
数量	Ｊｒ・ウォッチャー 39「たし算・ひき算 2」	1,500 円	冊		新 小学校受験の入試面接Ｑ＆Ａ	2,600 円	冊
数量	Ｊｒ・ウォッチャー 41「数の構成」	1,500 円	冊		新 願書・アンケート文例集 500	2,600 円	冊

合計	冊	円

（フリガナ） 氏　名	電　話 ＦＡＸ E-mail
住 所　〒　　　　－	以前にご注文されたことはございますか。 有　・　無

★お近くの書店、または記載の電話・FAX・ホームページにてご注文をお受けしております。
　電話：03-5261-8951　FAX：03-5261-8953　代金は書籍合計金額＋送料がかかります。
　※なお、落丁・乱丁以外の理由による商品の返品・交換には応じかねます。
★ご記入頂いた個人に関する情報は、当社にて厳重に管理致します。なお、ご購入の商品発送の他に、当社発行の書籍案内、書籍に関する調査に使用させて頂く場合がございますので、予めご了承ください。

日本学習図書株式会社
http://www.nichigaku.jp

問題１－１

①

②

③

問題1－2

④

問題2

問題3

①

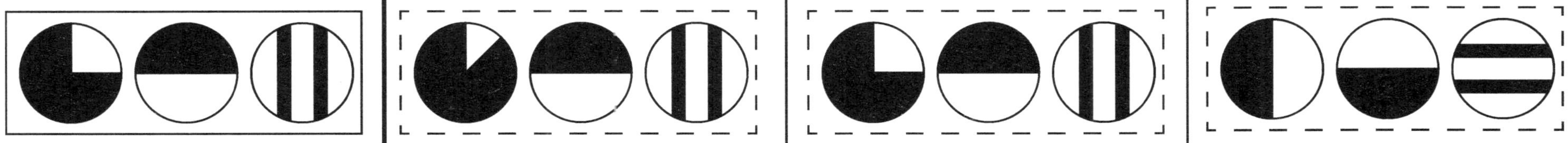

②

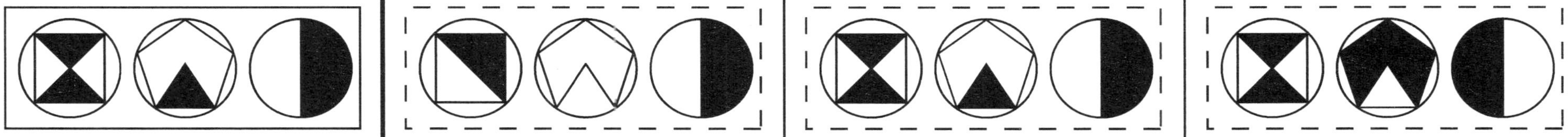

③

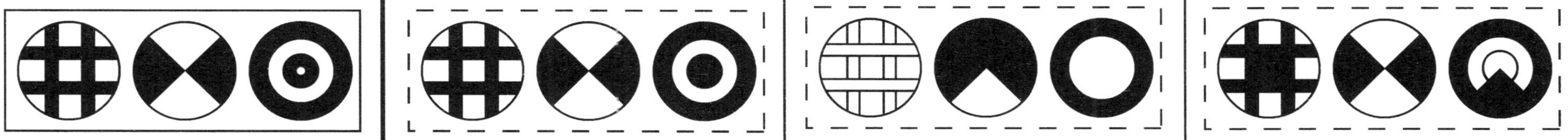

問題4

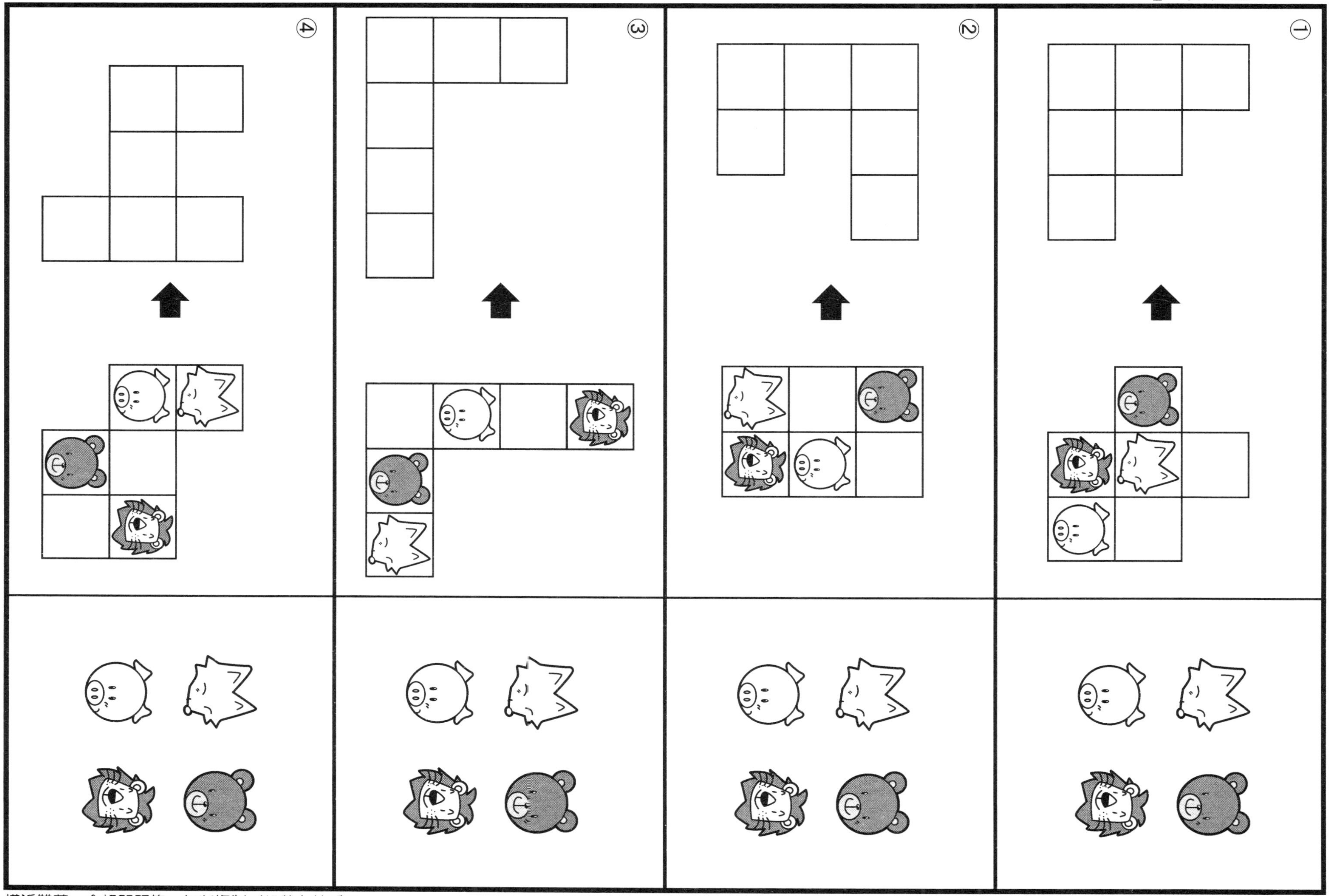

問題5

問題6

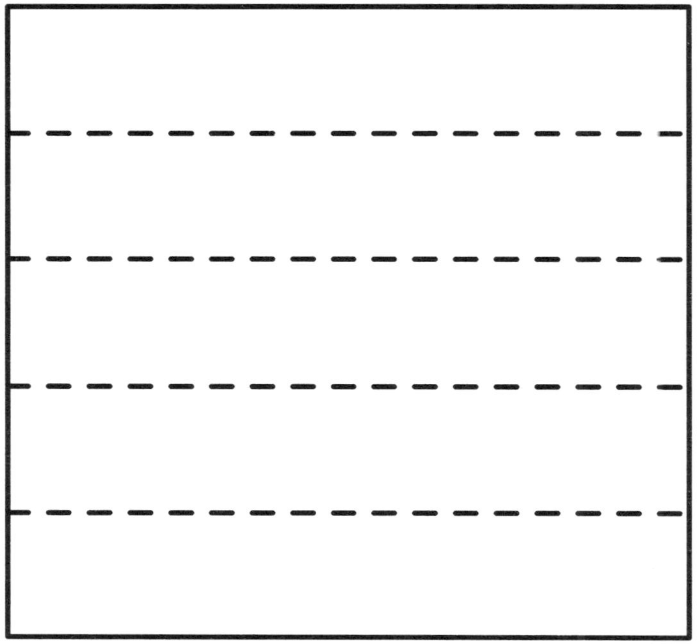

※おりがみを短冊状にして切っておく。

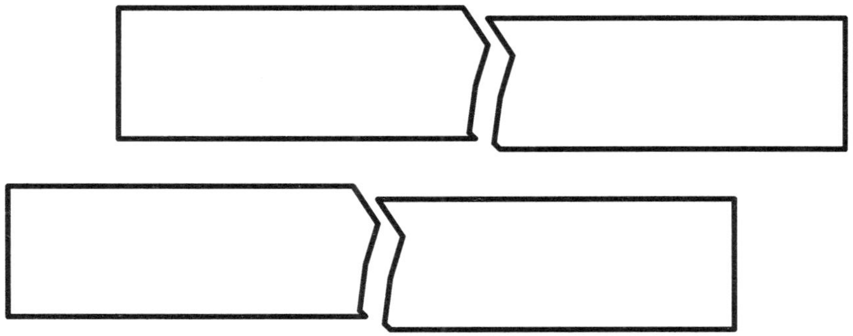

①短冊状に切ってあるおりがみを半分にちぎる

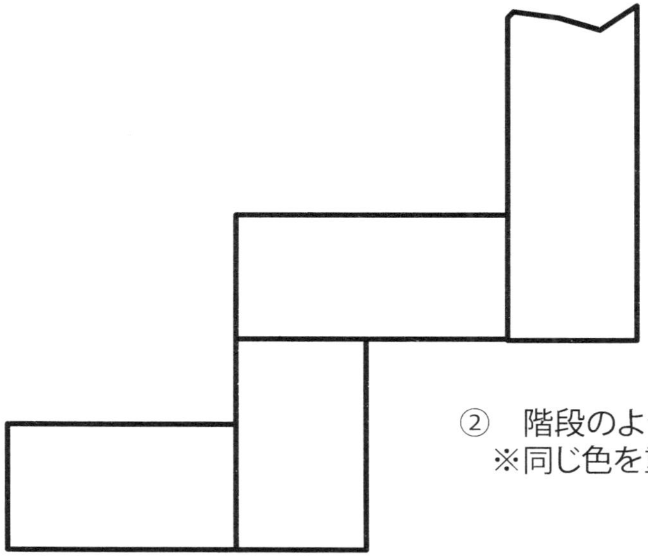

② 階段のように貼る。
※同じ色を重ねない

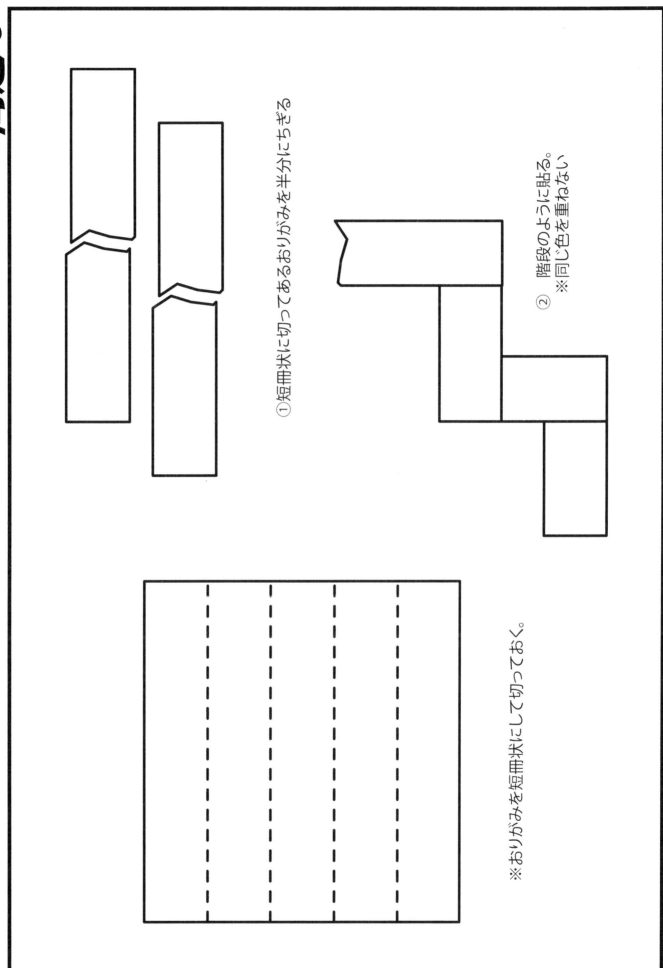

問題9－1

日本学習図書株式会社

問題9－2

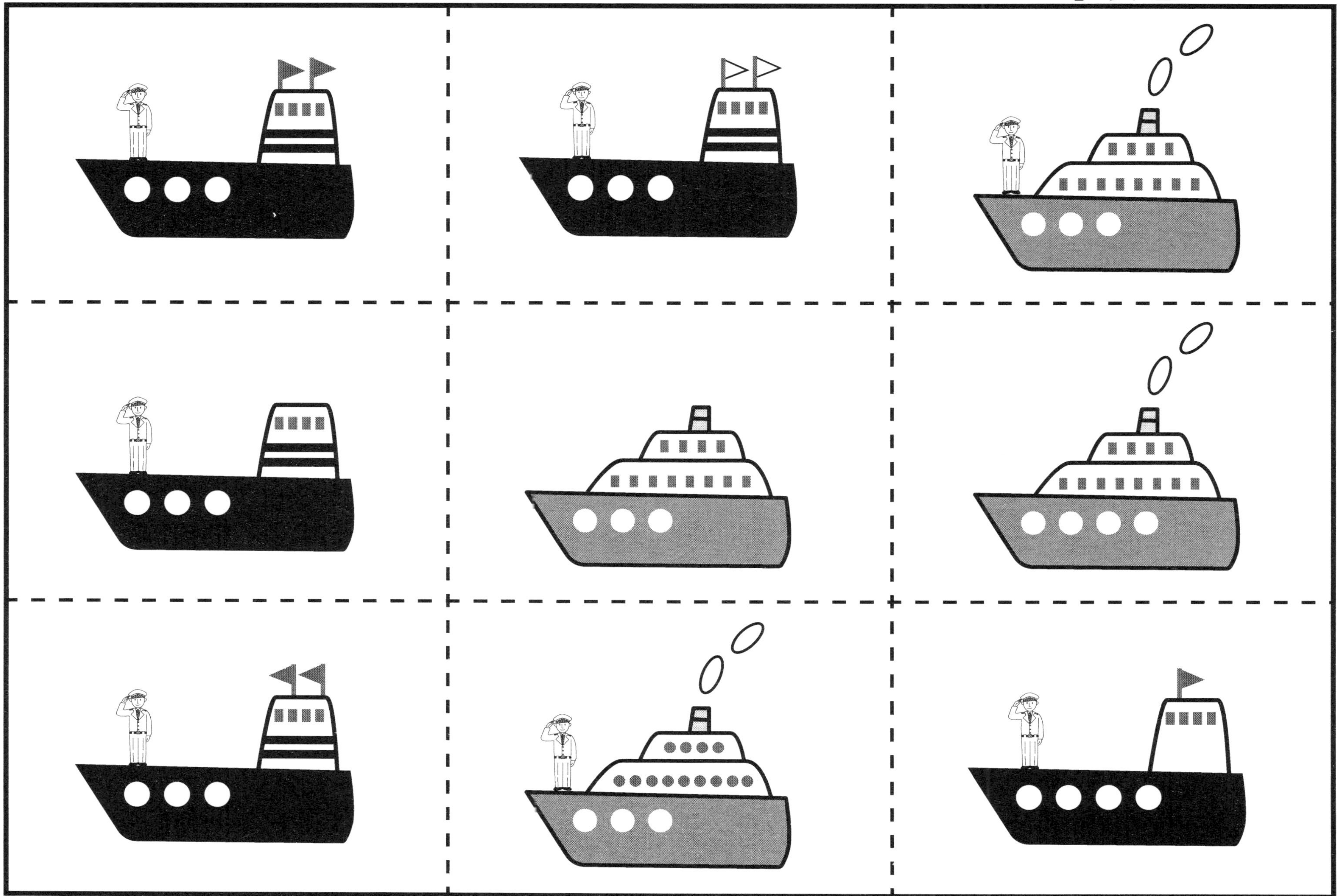

問題10

①

②

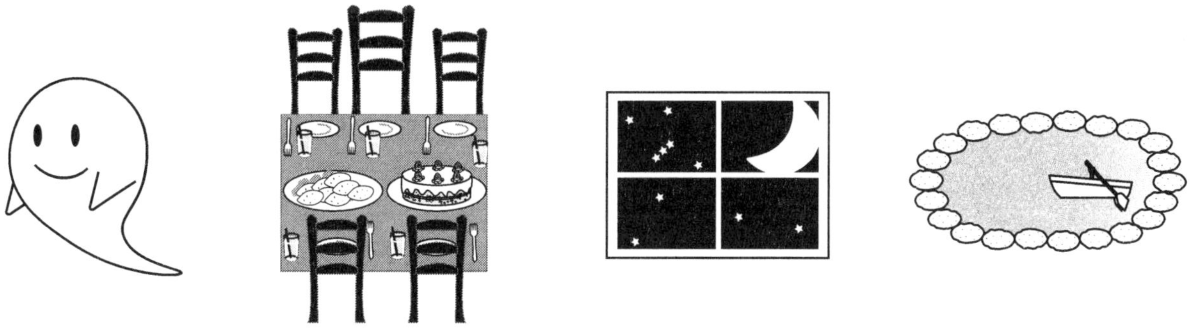

③

④

問題１１

①

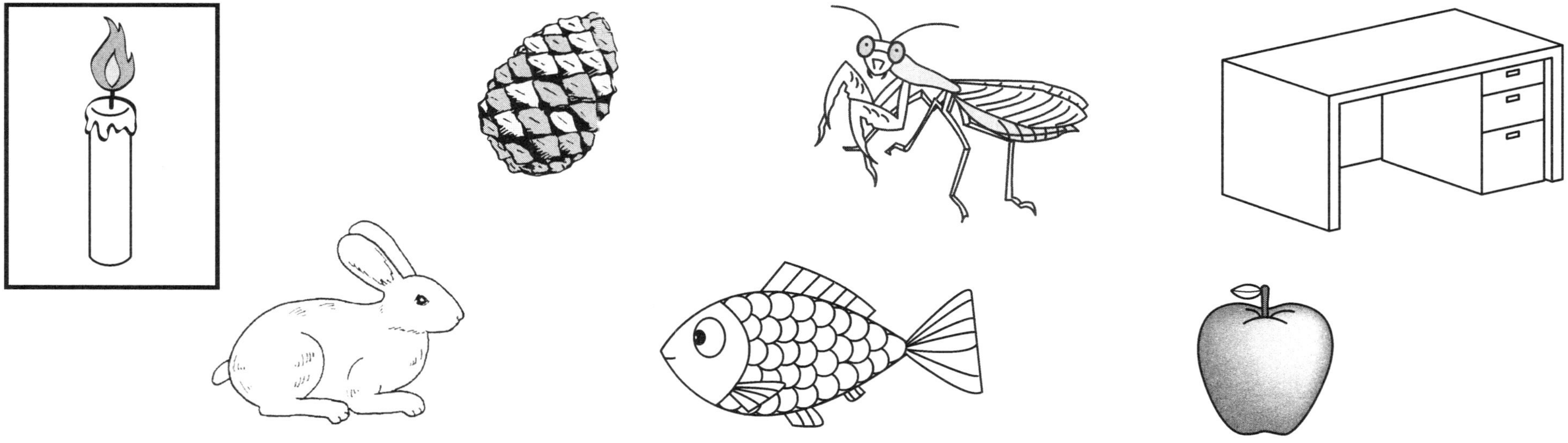

②

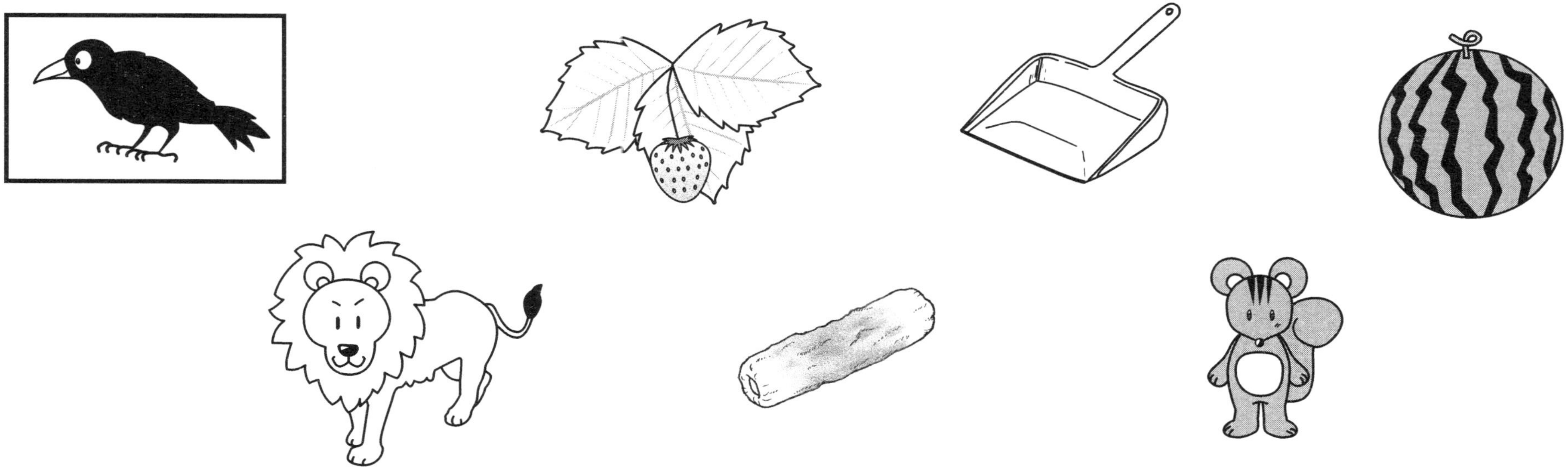

日本学習図書株式会社

問題 1 2

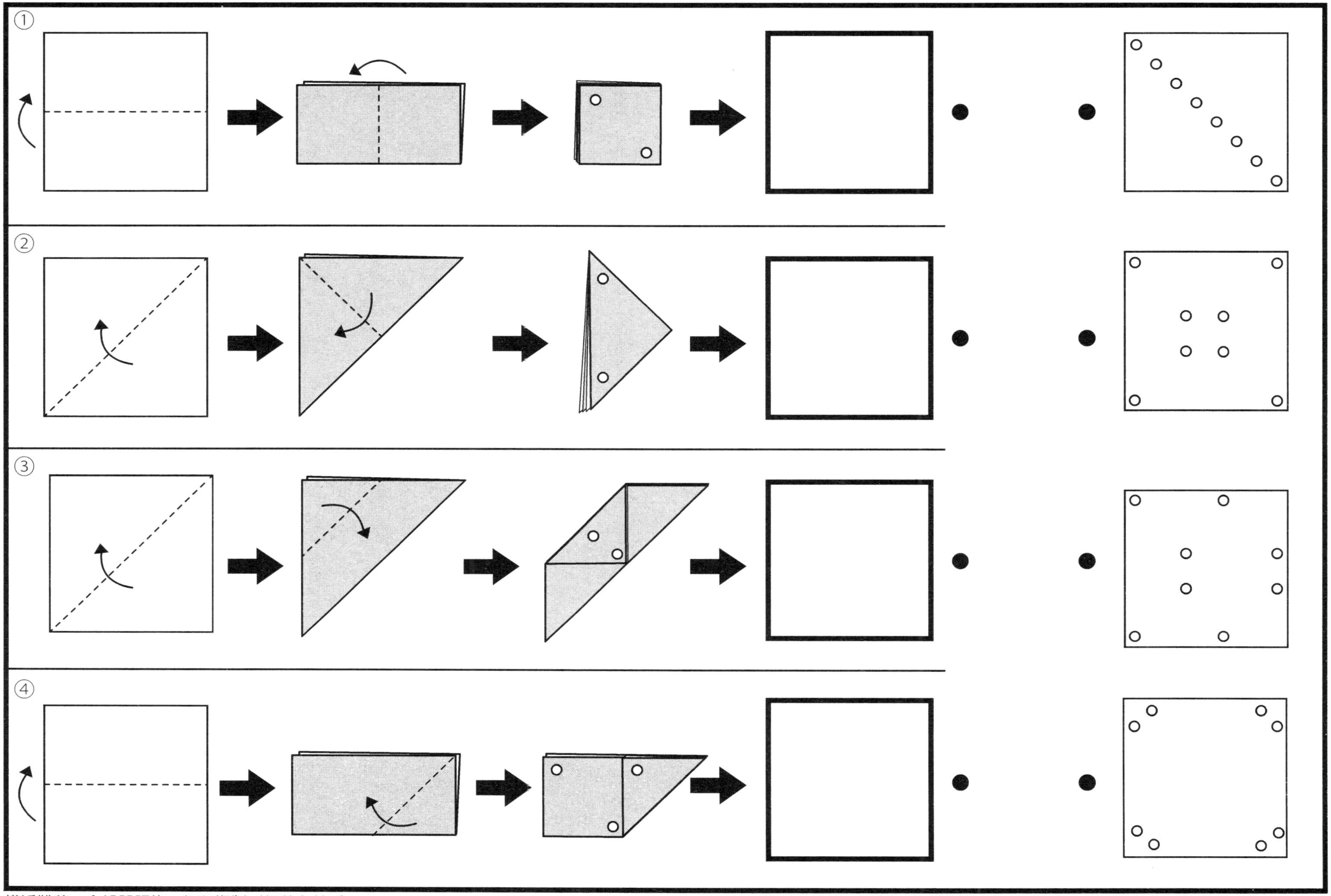

問題１３

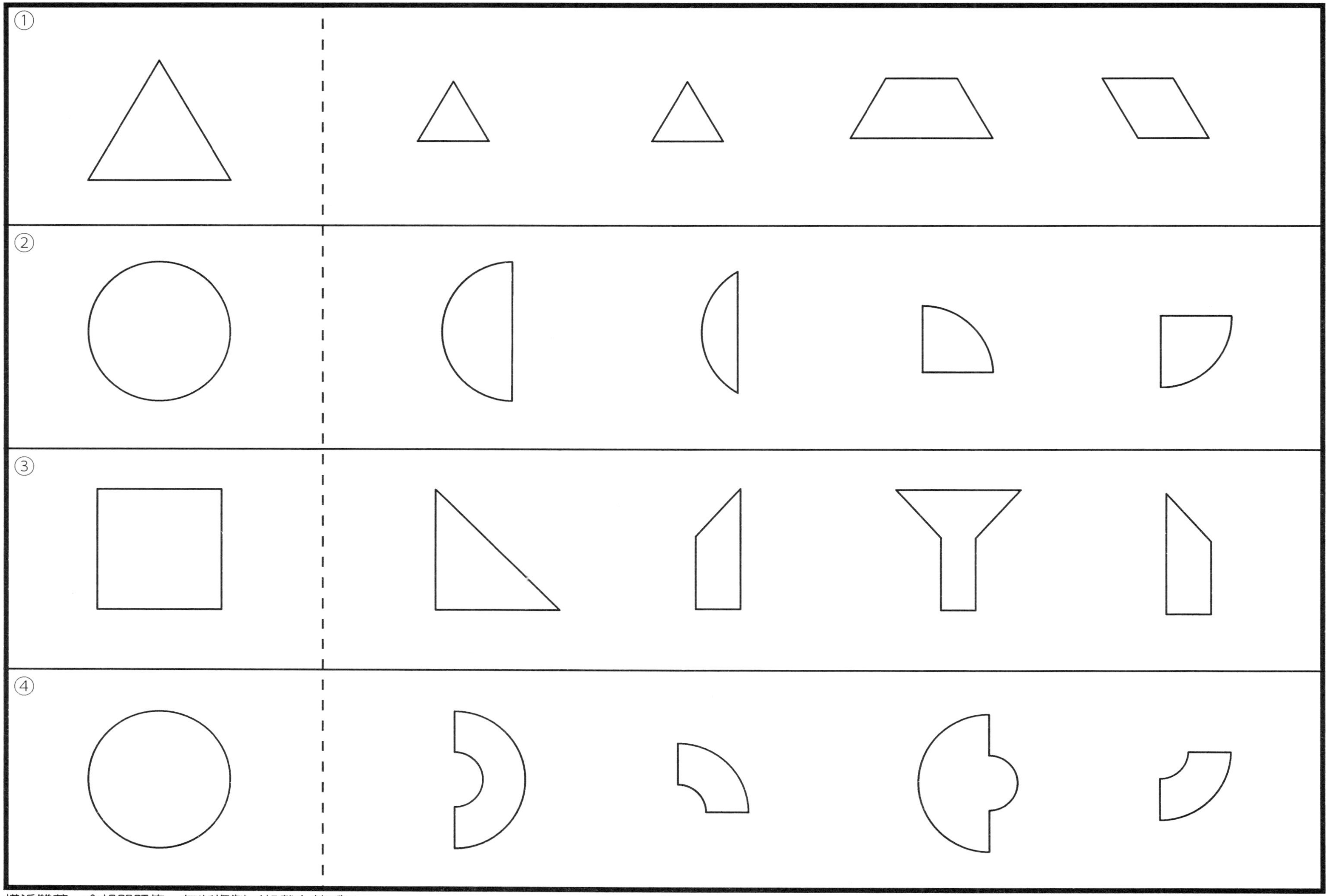

問題 1 4 - 1

日本学習図書株式会社

横浜雙葉　合格問題集　無断複製／転載を禁ずる

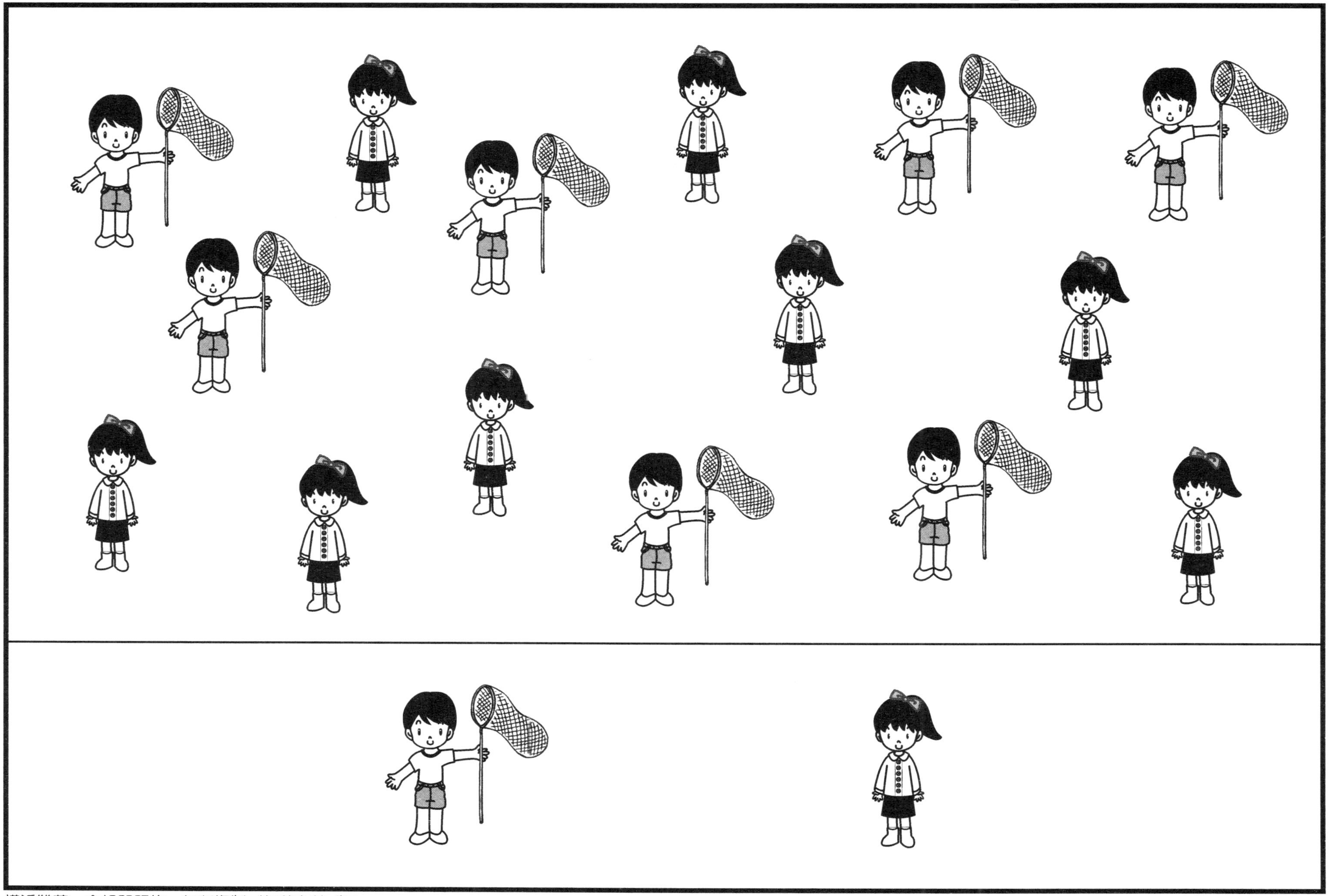

問題１４－２

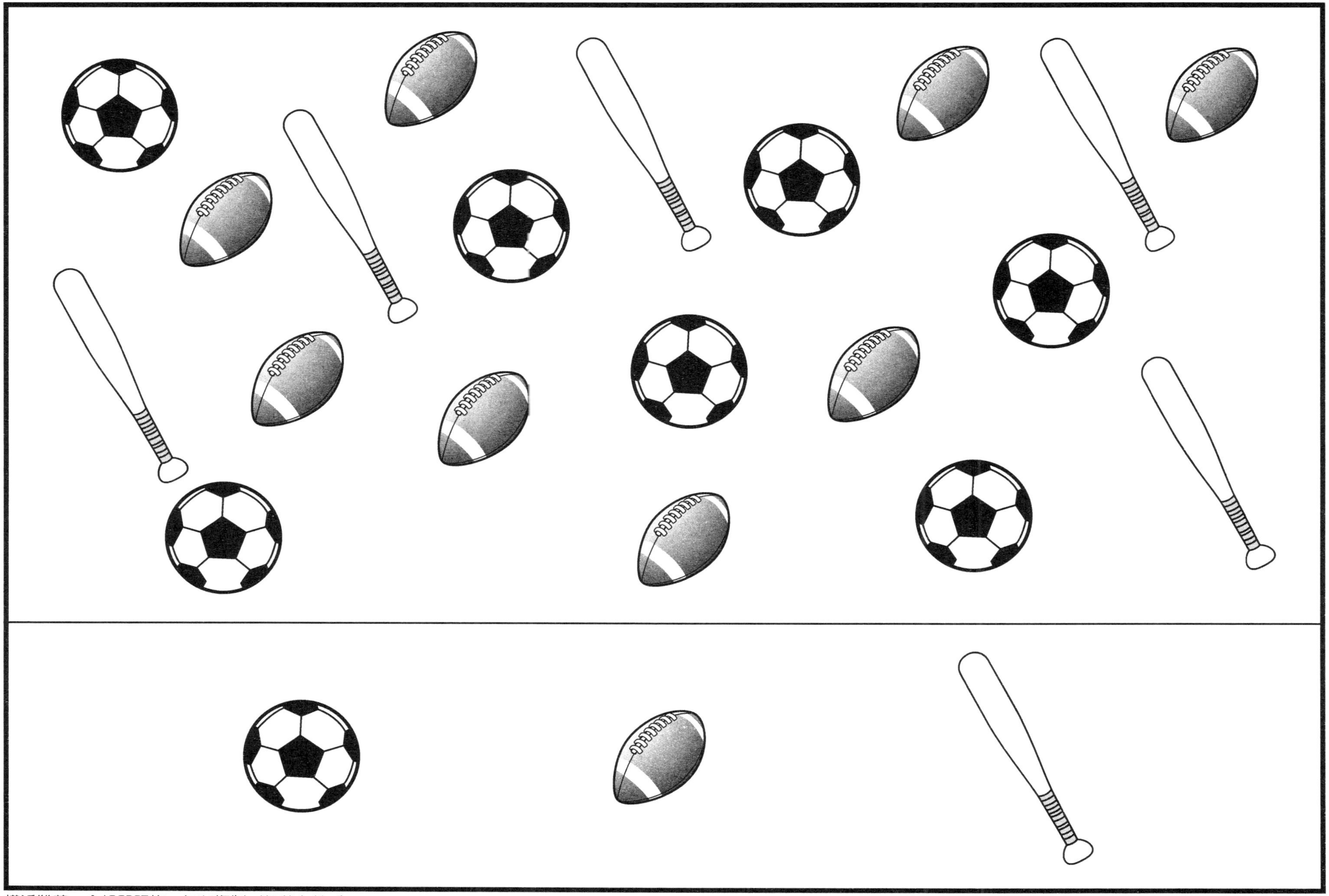

横浜雙葉　合格問題集　無断複製／転載を禁ずる　日本学習図書株式会社

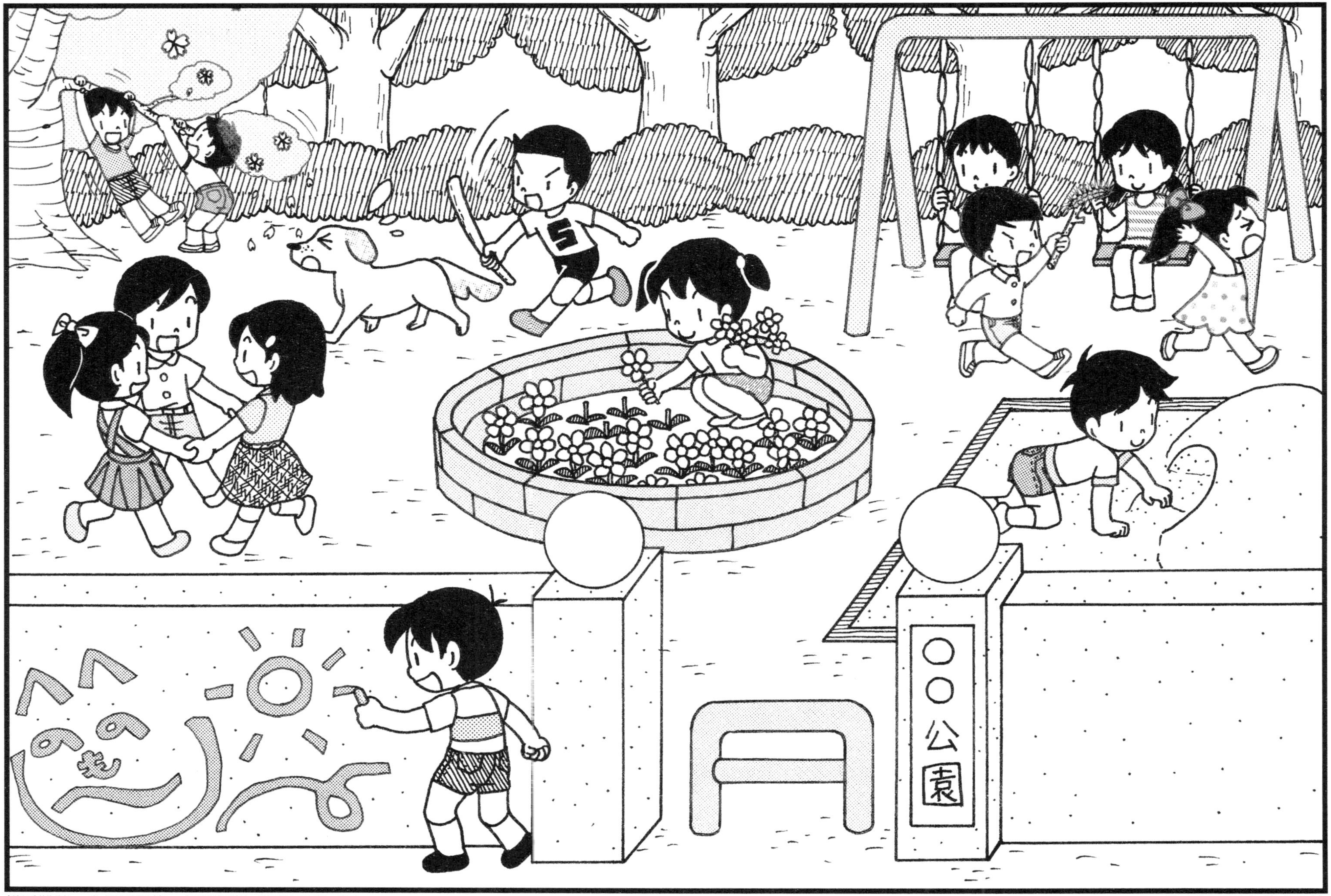

問題１６－１

①

16枚に切り分ける

②

お話の順番になるように
４か所に
のりをつけて貼る
↓

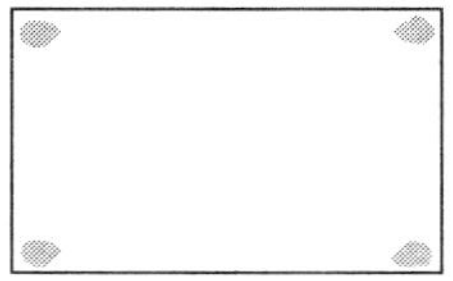

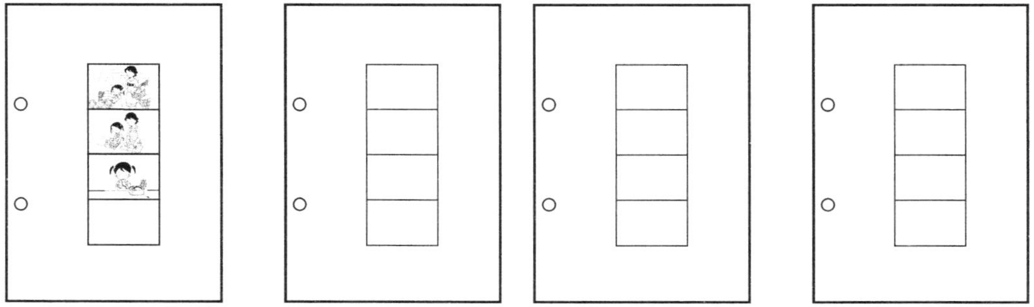

③

紙を４枚重ねて
穴にモールを通し、
３回ねじる

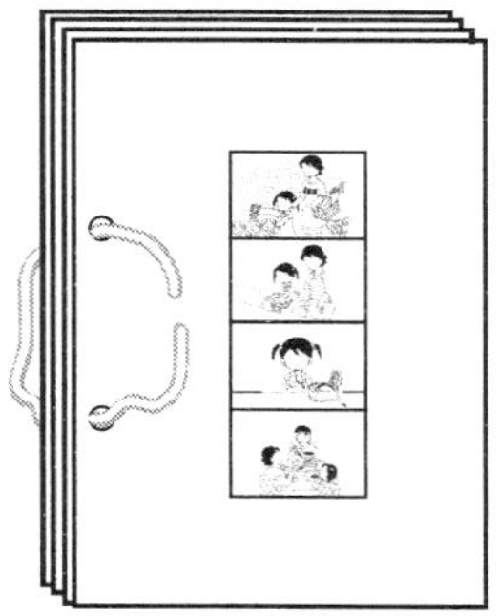

完成見本

問題16-2

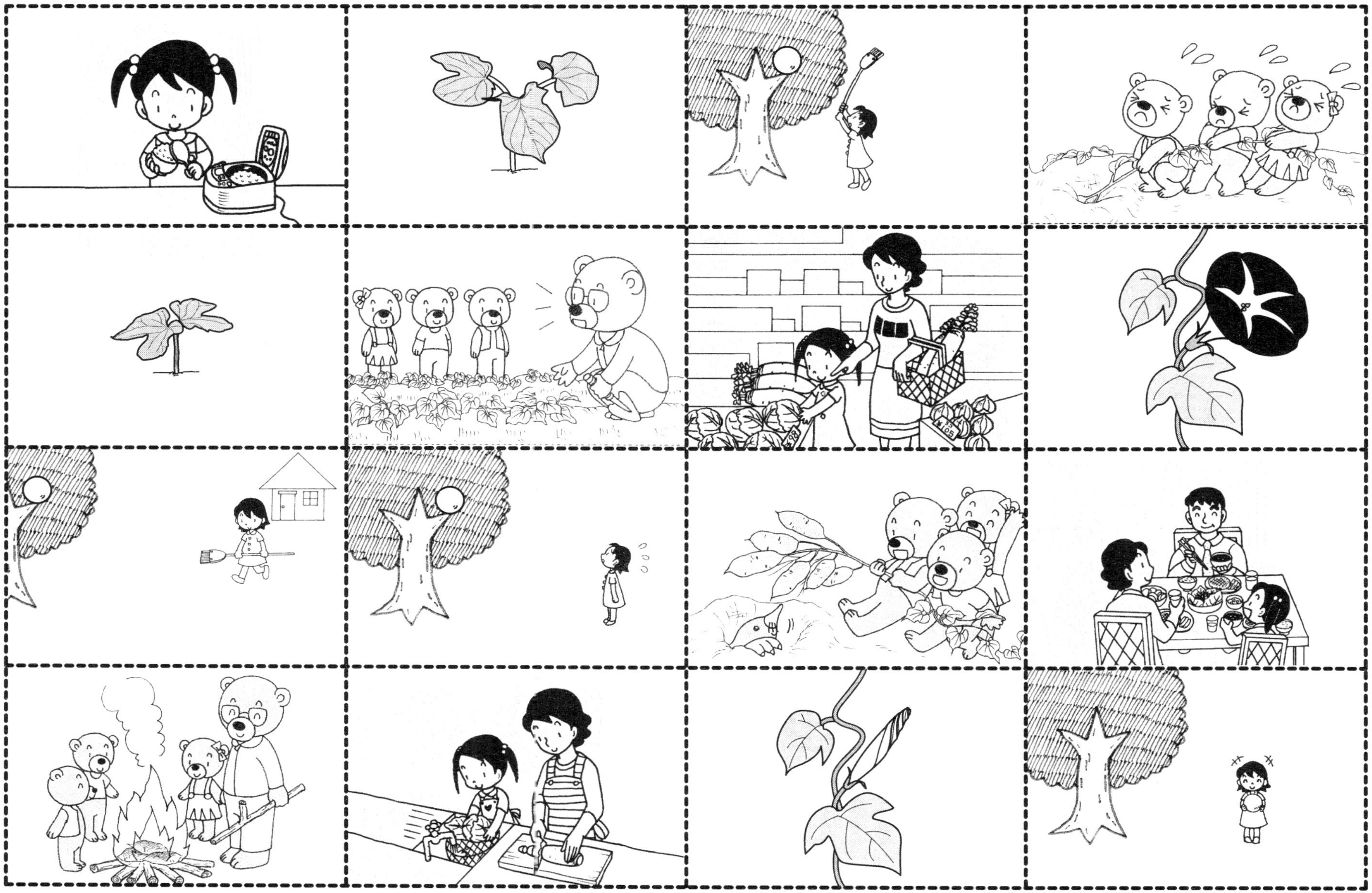

問題16－3

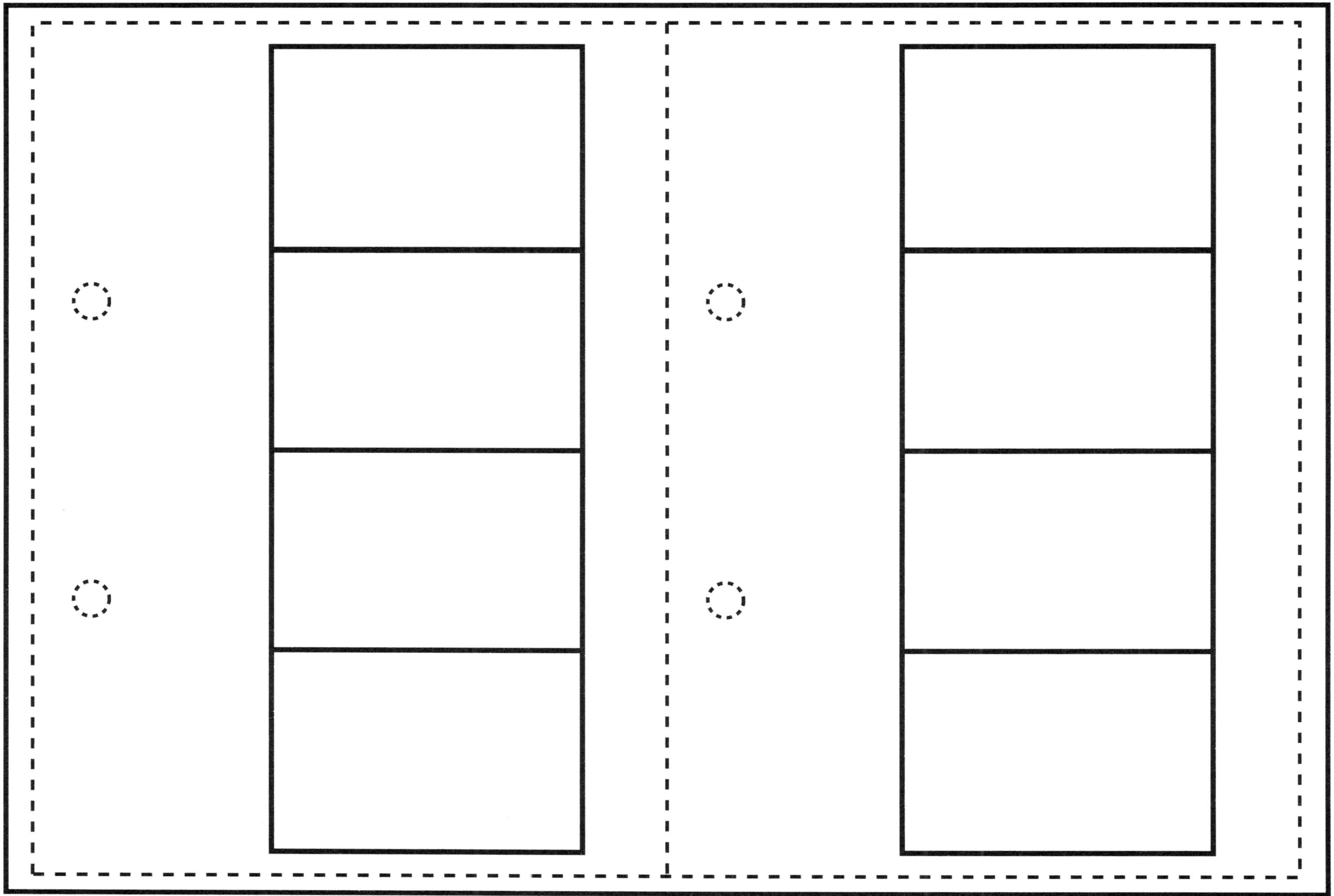

問題１６－４

日本学習図書株式会社

問題１７

①２つの三角コーンを、指示通りに周る。

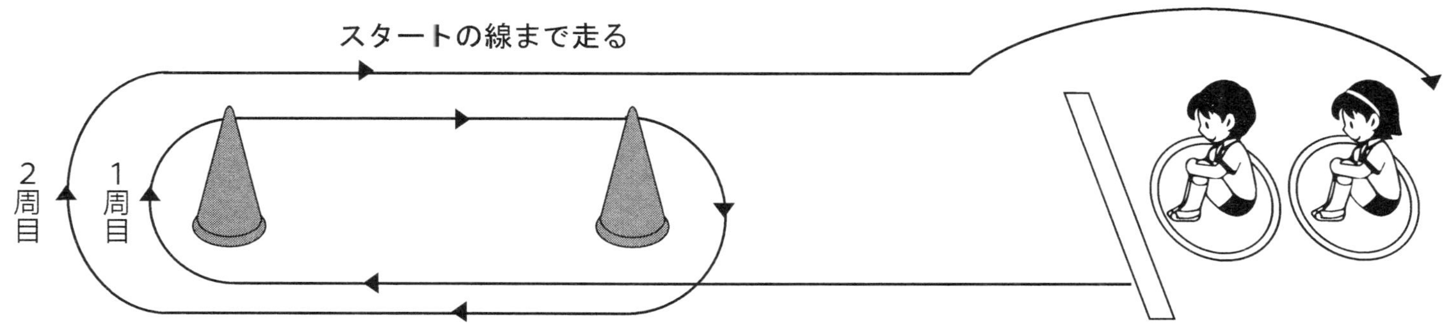
スタートの線まで走る
2周目
1周目

②指示に従って動く。

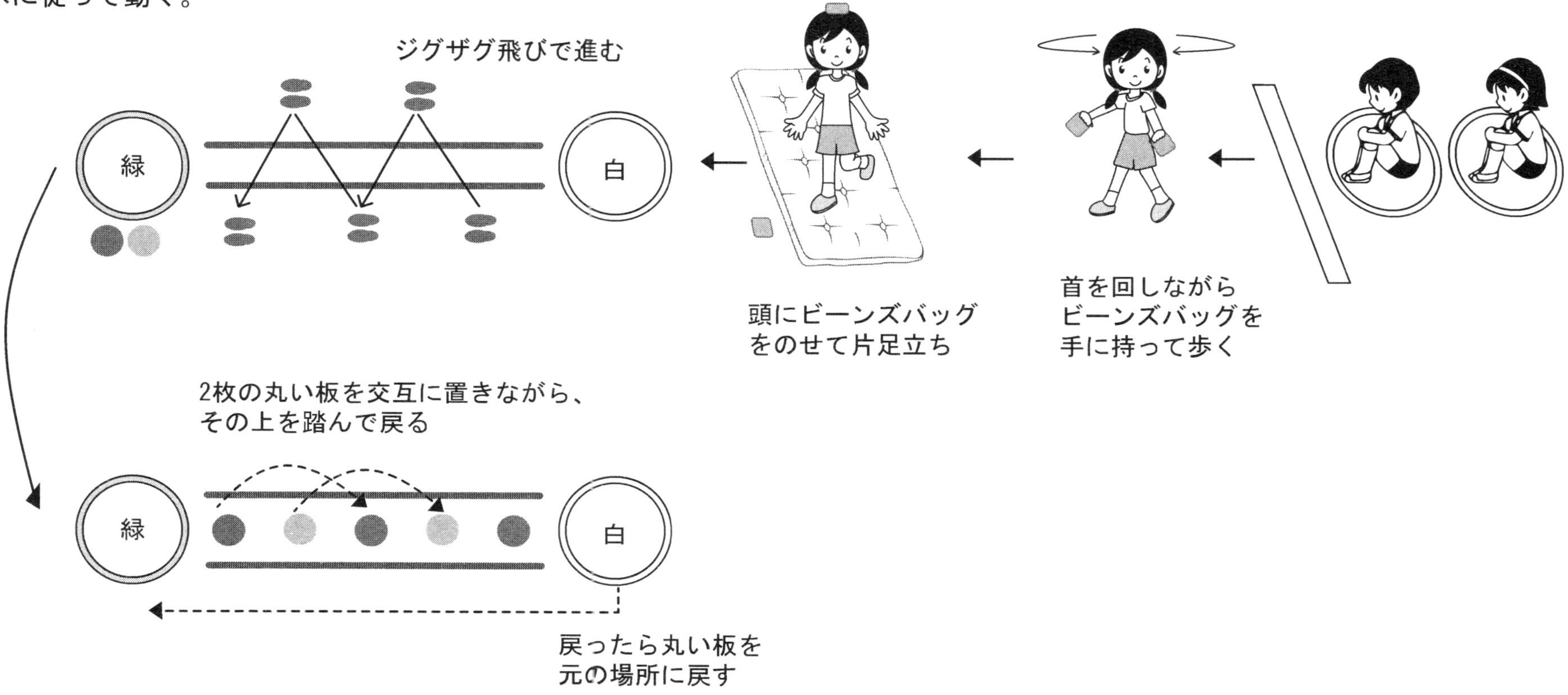
ジグザグ飛びで進む
緑
白
頭にビーンズバッグ
をのせて片足立ち
首を回しながら
ビーンズバッグを
手に持って歩く
2枚の丸い板を交互に置きながら、
その上を踏んで戻る
緑
白
戻ったら丸い板を
元の場所に戻す

問題１９－１

①

②

③

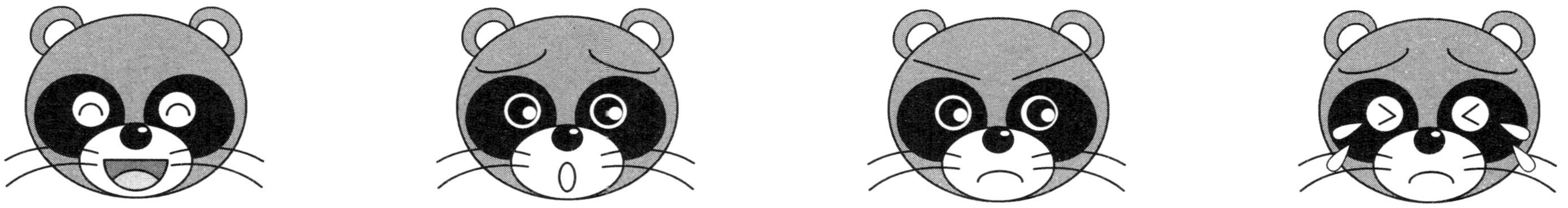

日本学習図書株式会社

④

 •

 •

 •

 •

 •

•

•

 •

日本学習図書株式会社

横浜雙葉　合格問題集　無断複製／転載を禁ずる

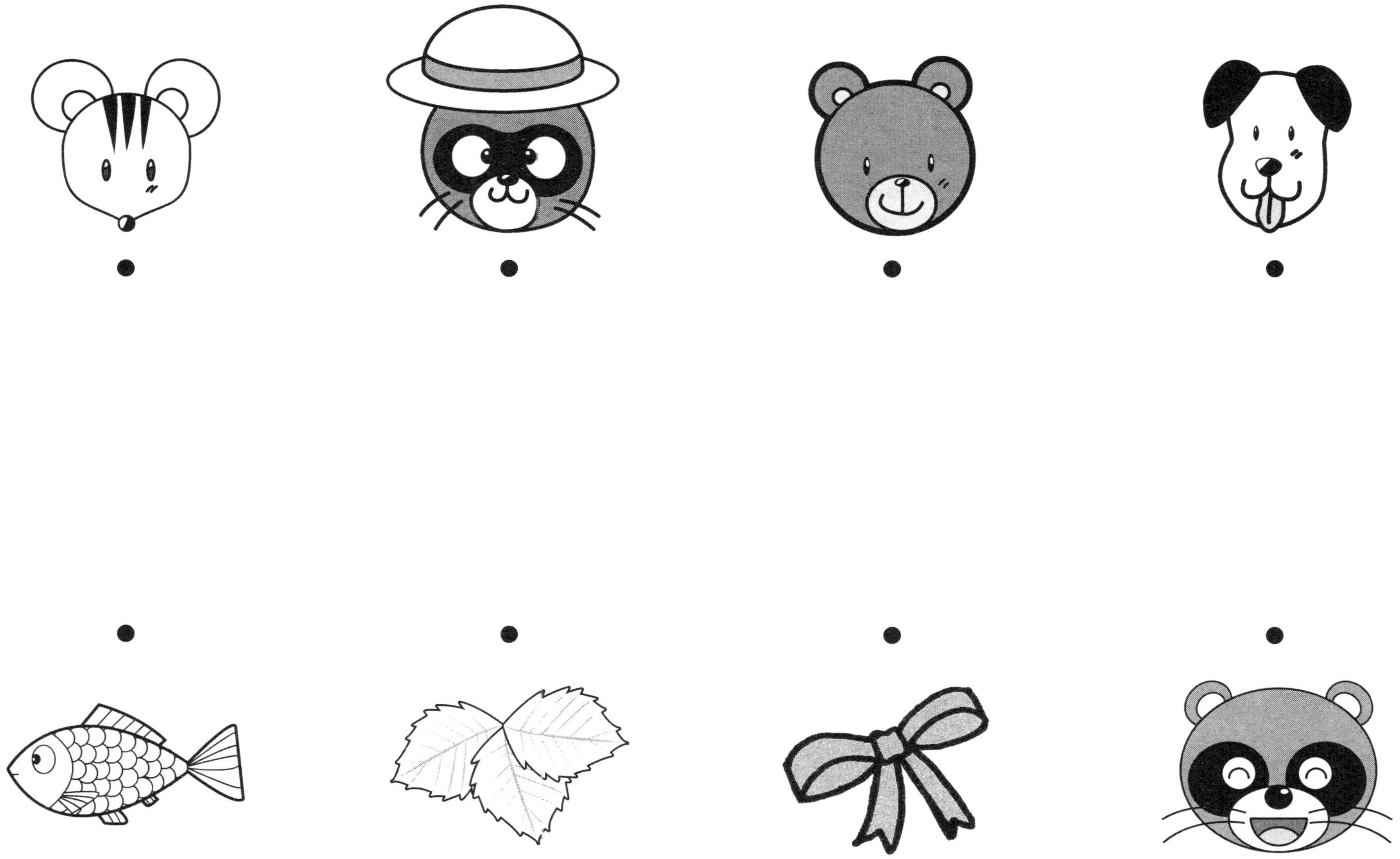

問題２０

①

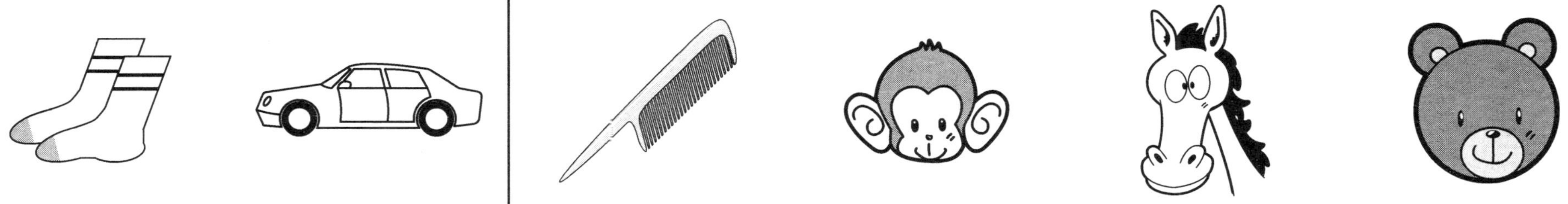

②

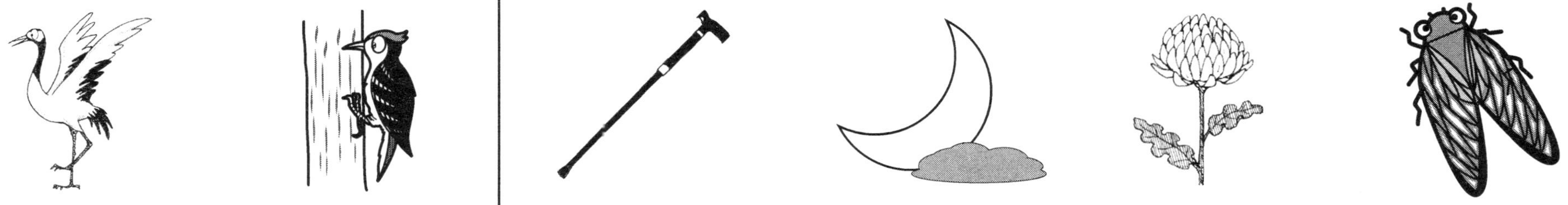

③

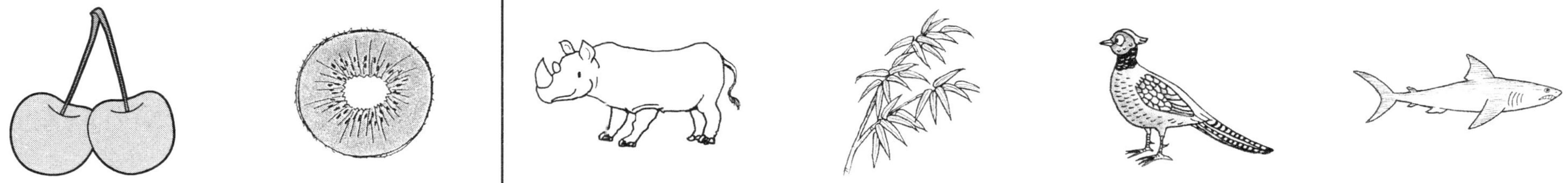

④

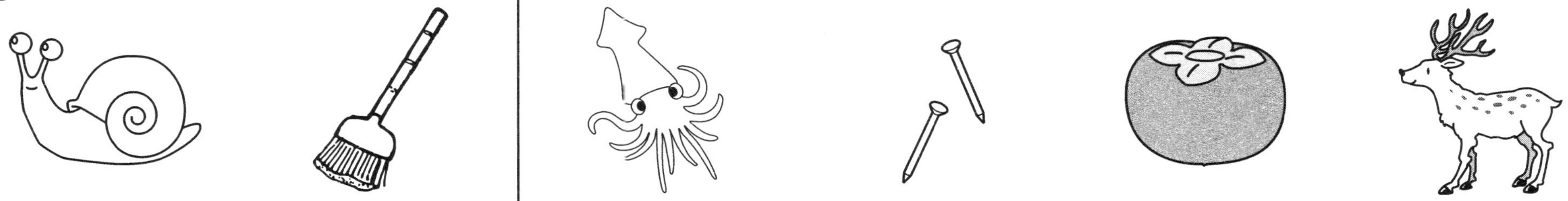

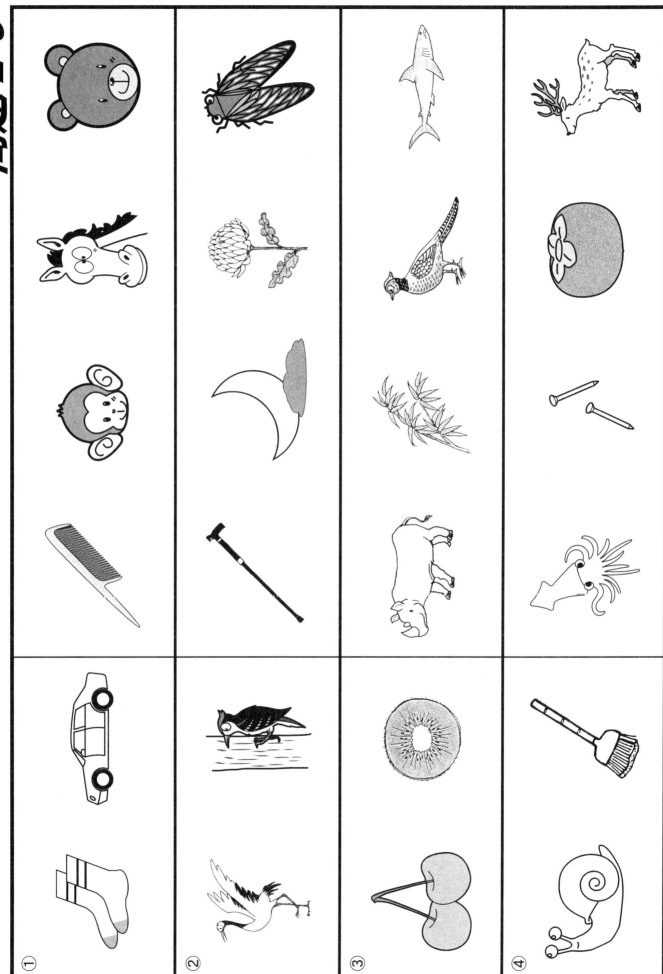

問題２１

①

②

横浜雙葉　合格問題集　無断複製／転載を禁ずる　　　日本学習図書株式会社

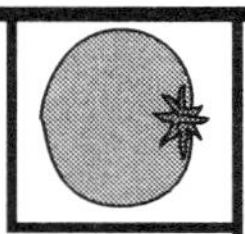

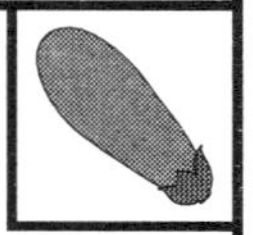

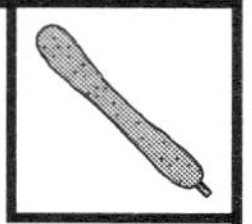

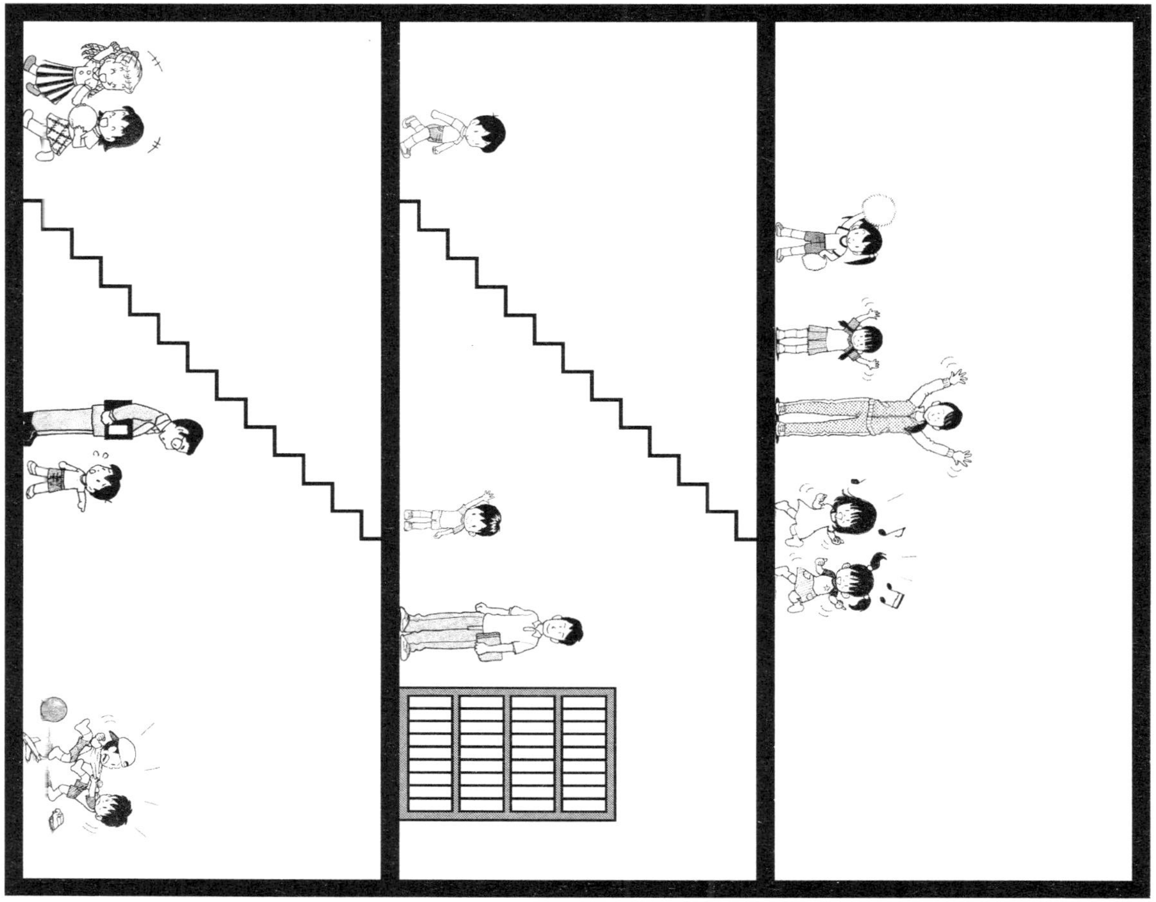

横浜雙葉　合格問題集　無断複製／転載を禁ずる　日本学習図書株式会社

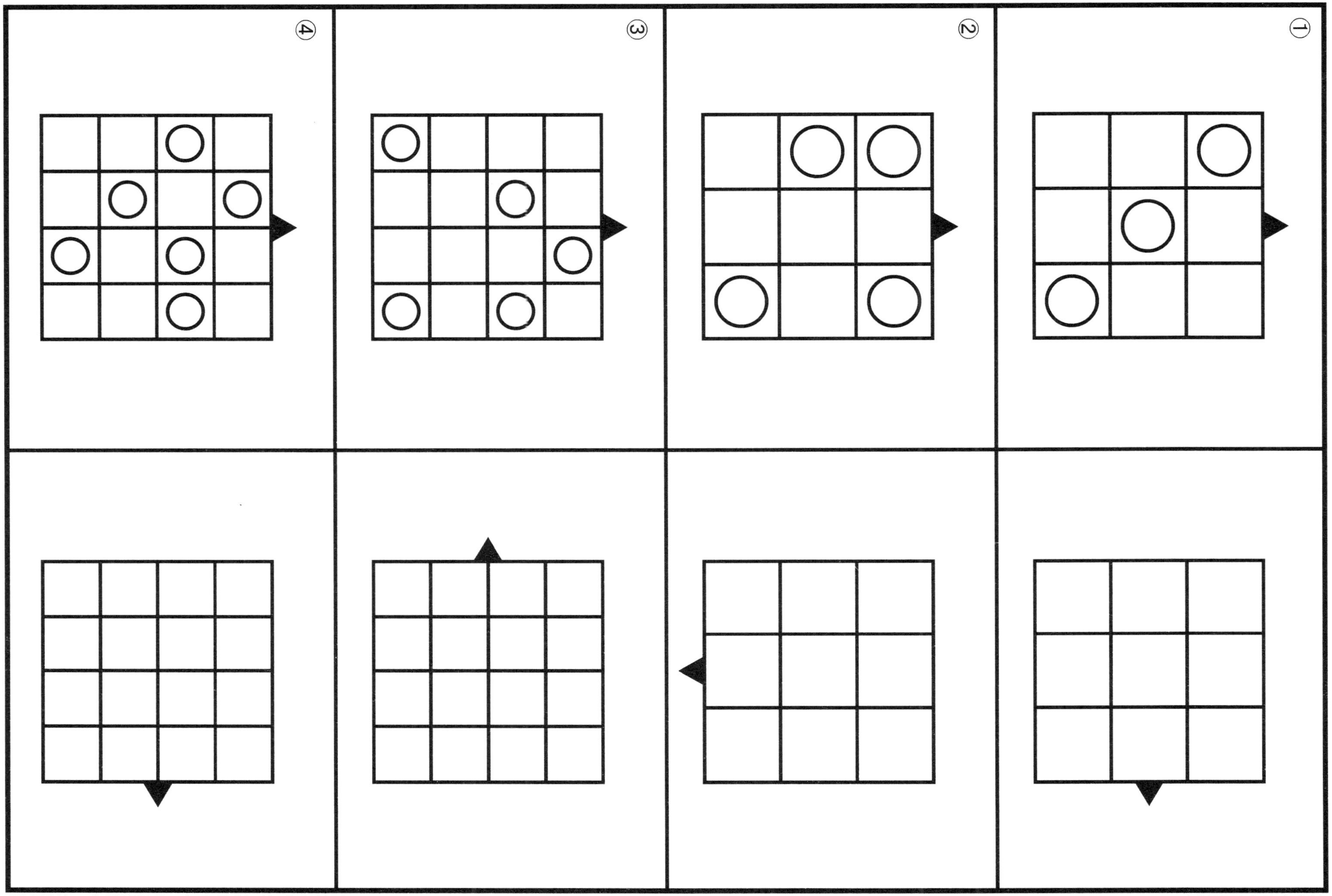

問題２４

①

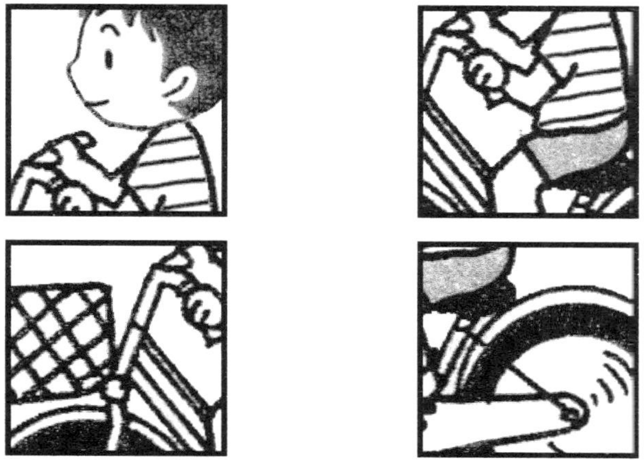

②

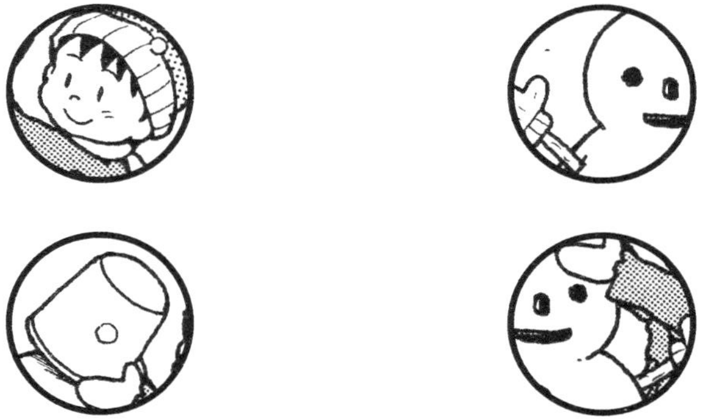

日本学習図書株式会社

横浜雙葉　合格問題集　無断複製／転載を禁ずる

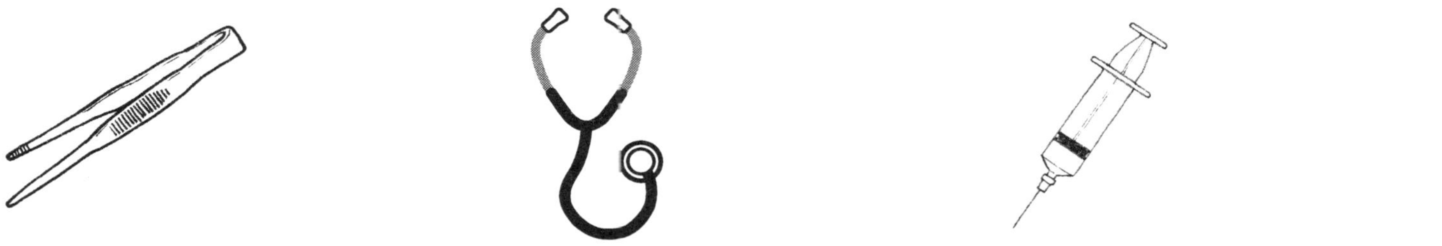

問題２６

①

②

③

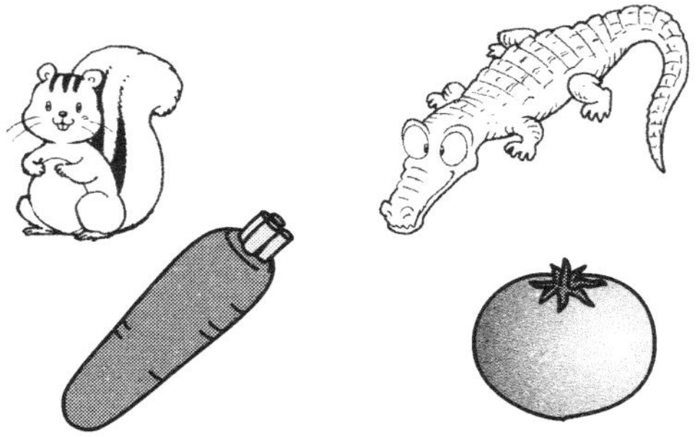

④

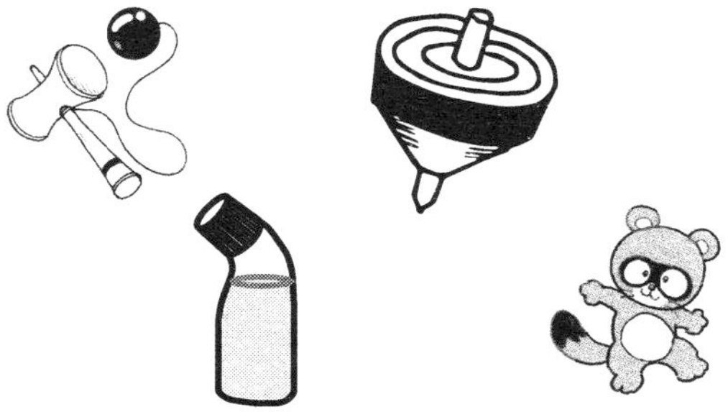

問題２７

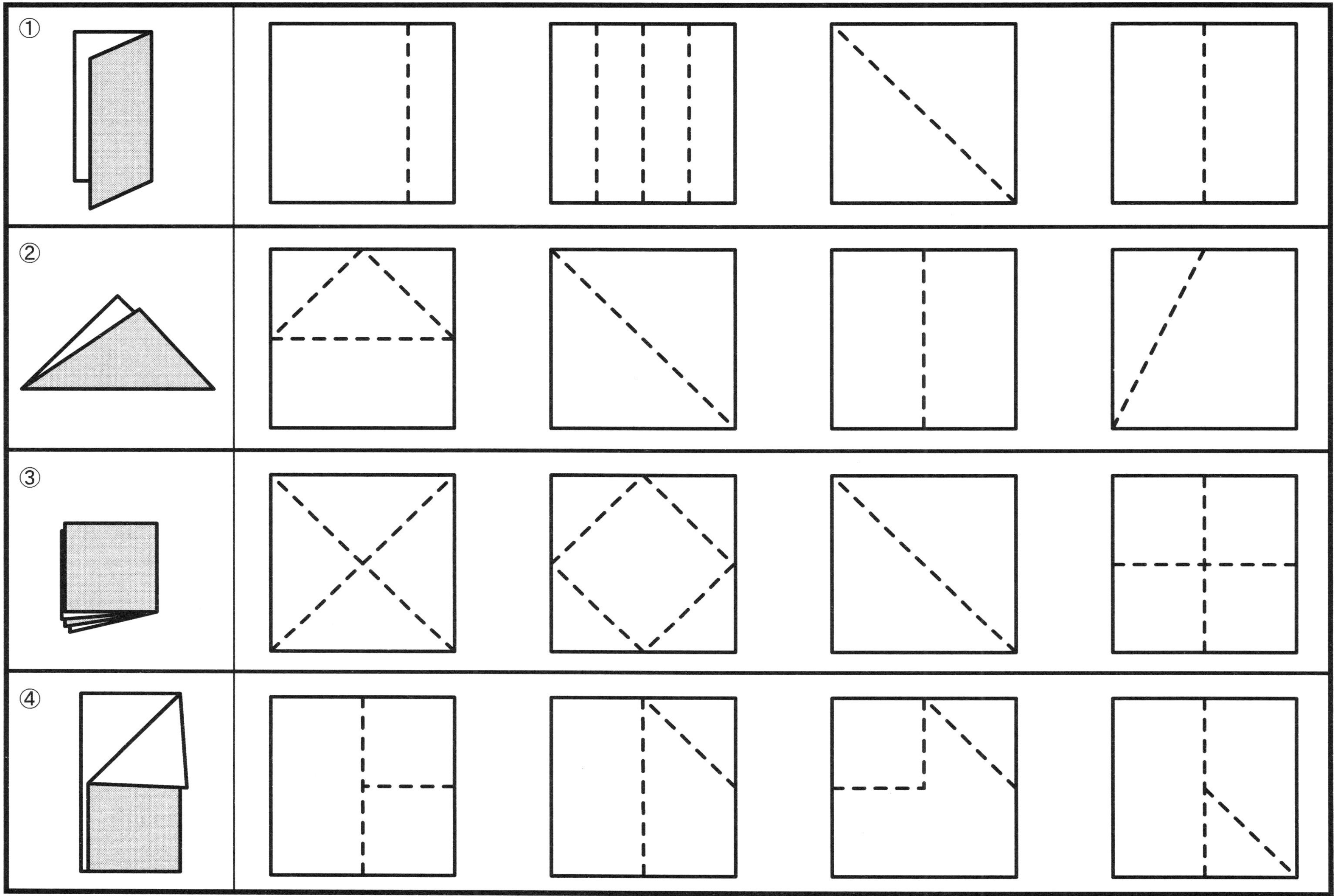

問題２８

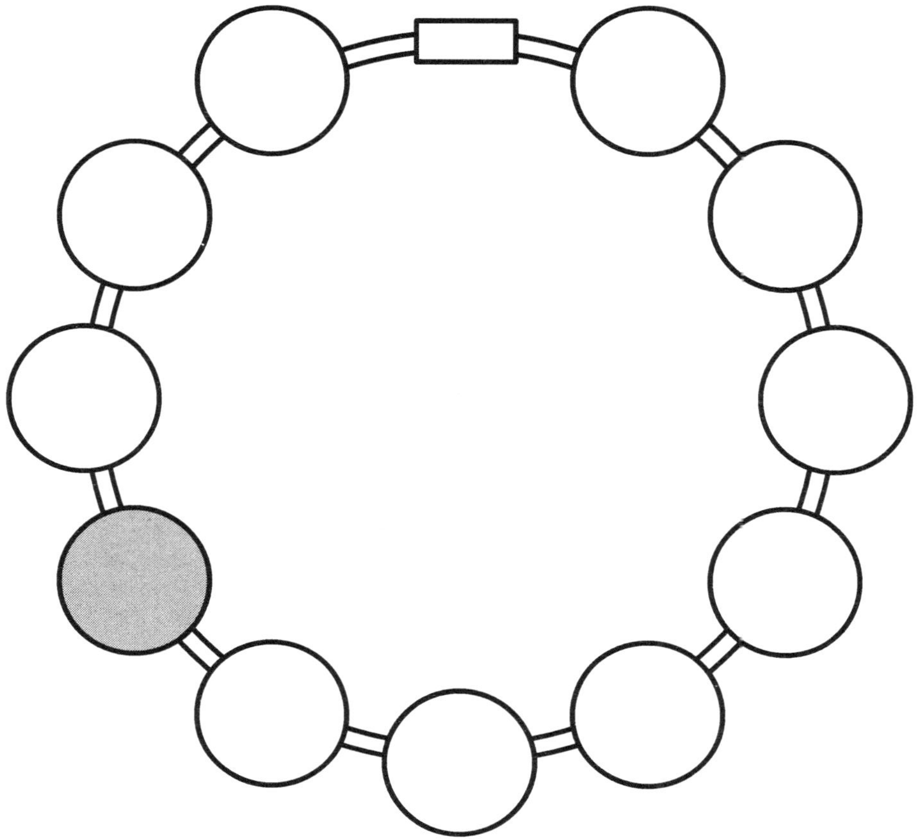

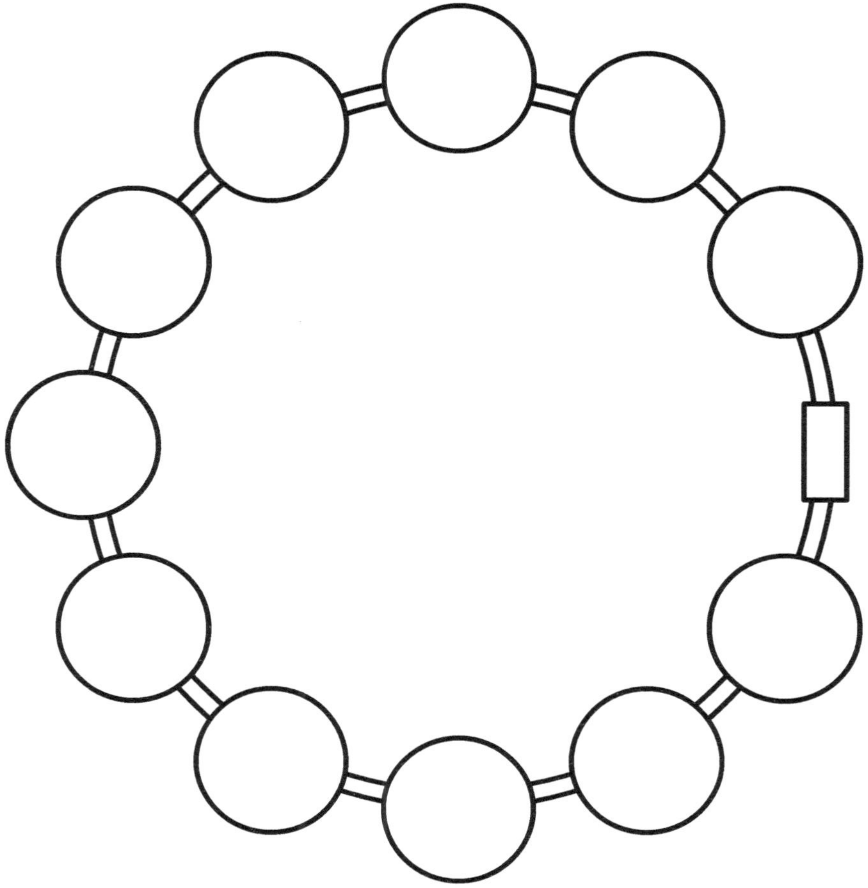

日本学習図書株式会社

問題２９－１

折り紙（各色２枚）

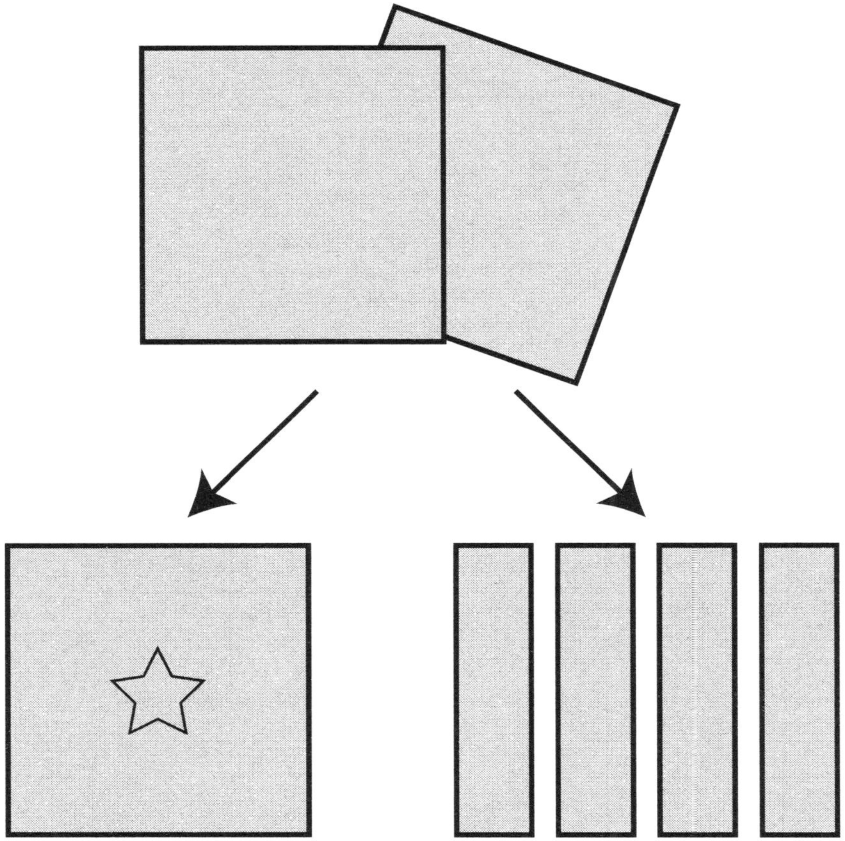

１枚には星を書く

もう１枚は輪にできる
程度の細さに切る

星印を付けた折り紙は
10色すべて並べる。

切った折り紙は
色ごとに分けて並べる。

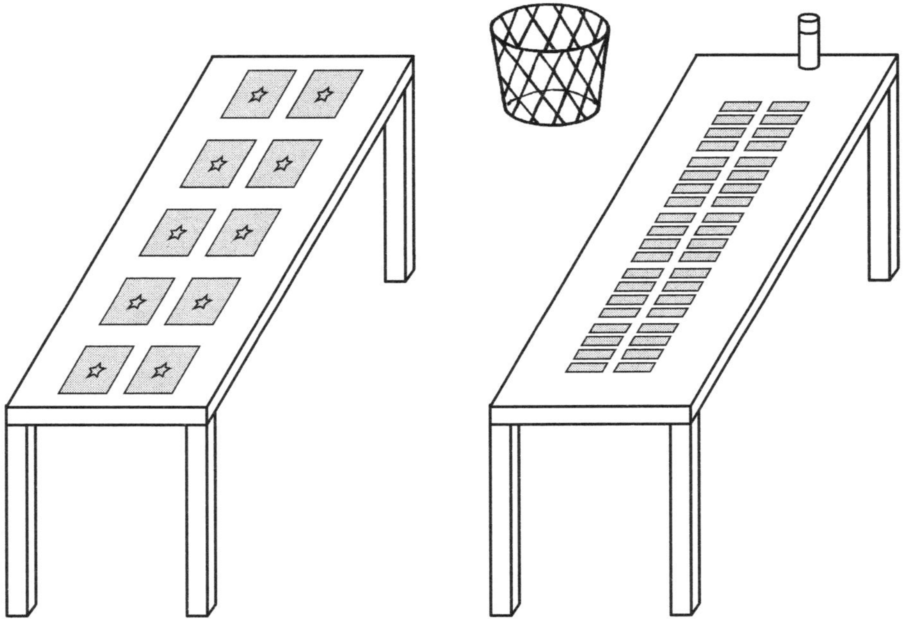

問題２９－２

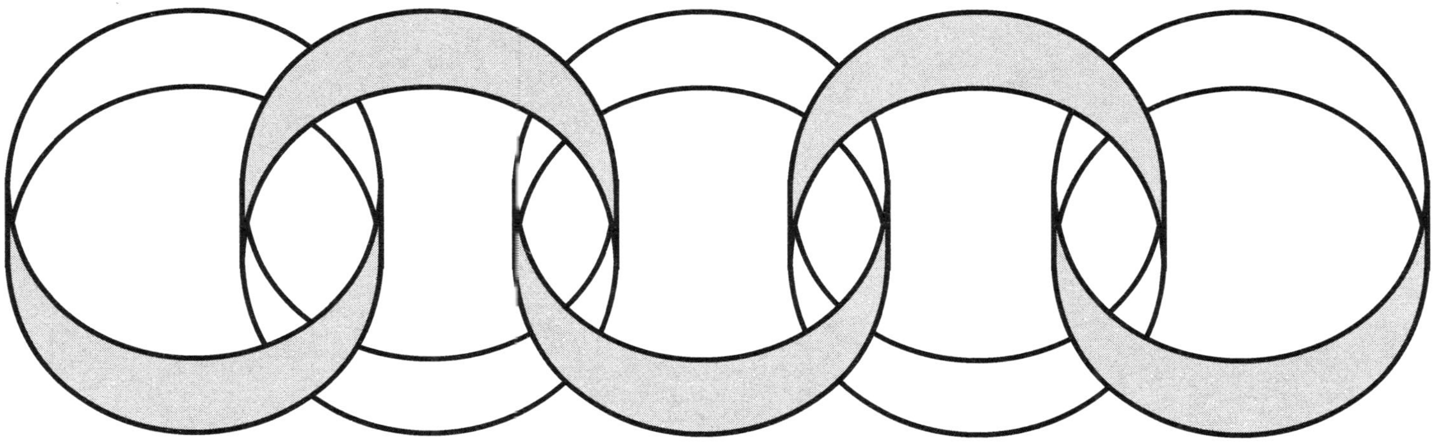

問題３０−１

日本学習図書株式会社

問題３０−２

②

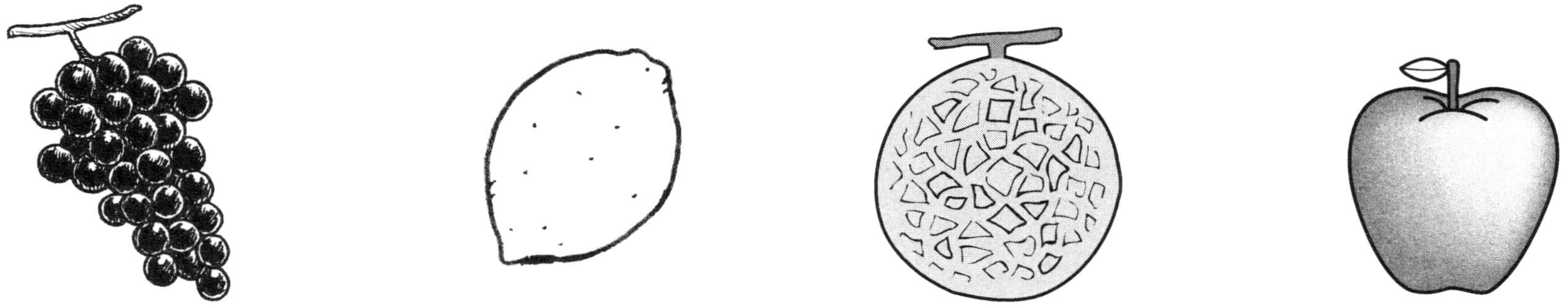

③

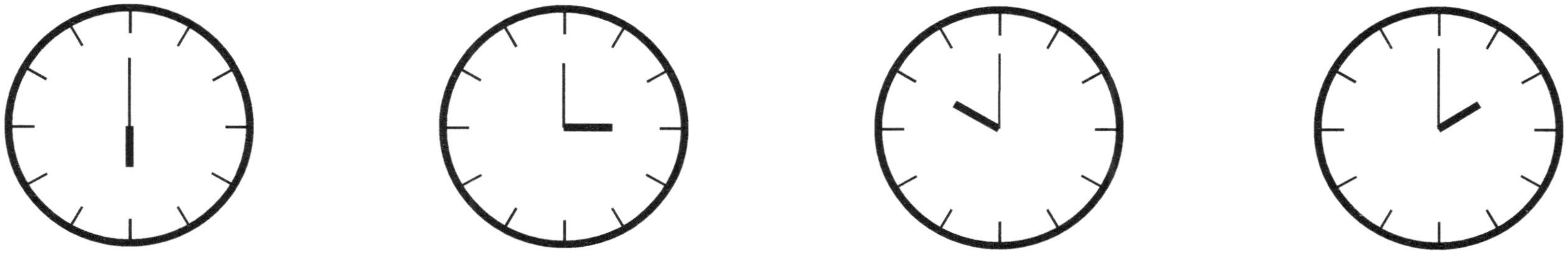

④

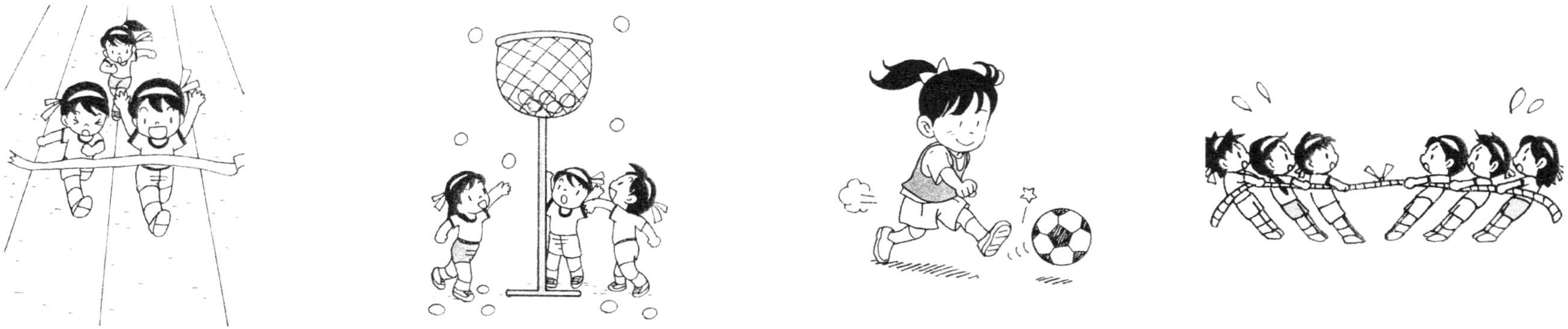

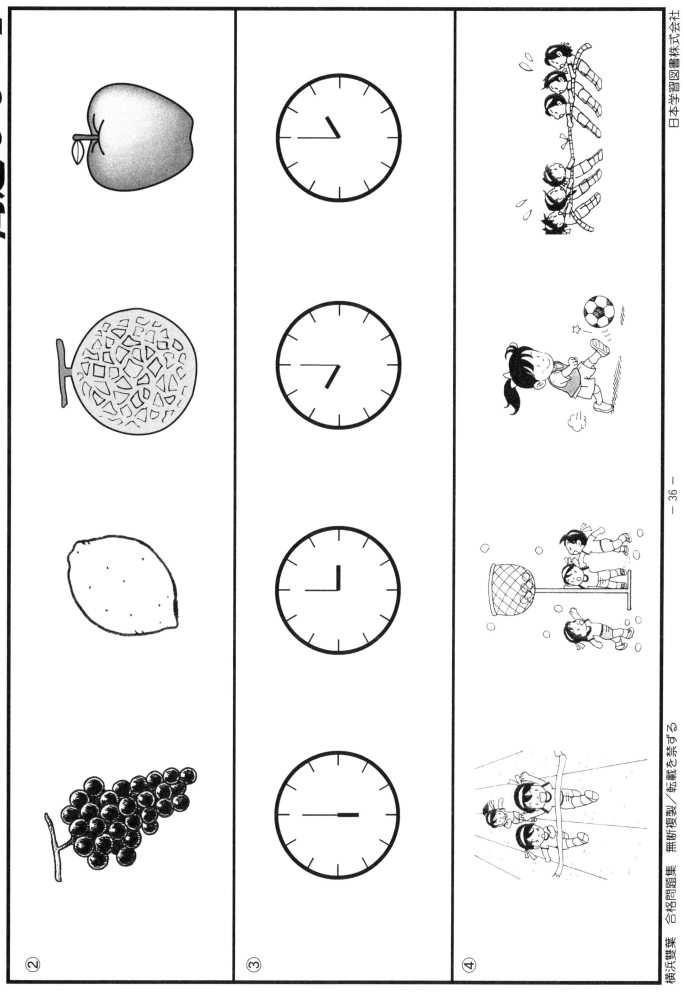

問題3 1−1

問題31－2

②

③

問題３２

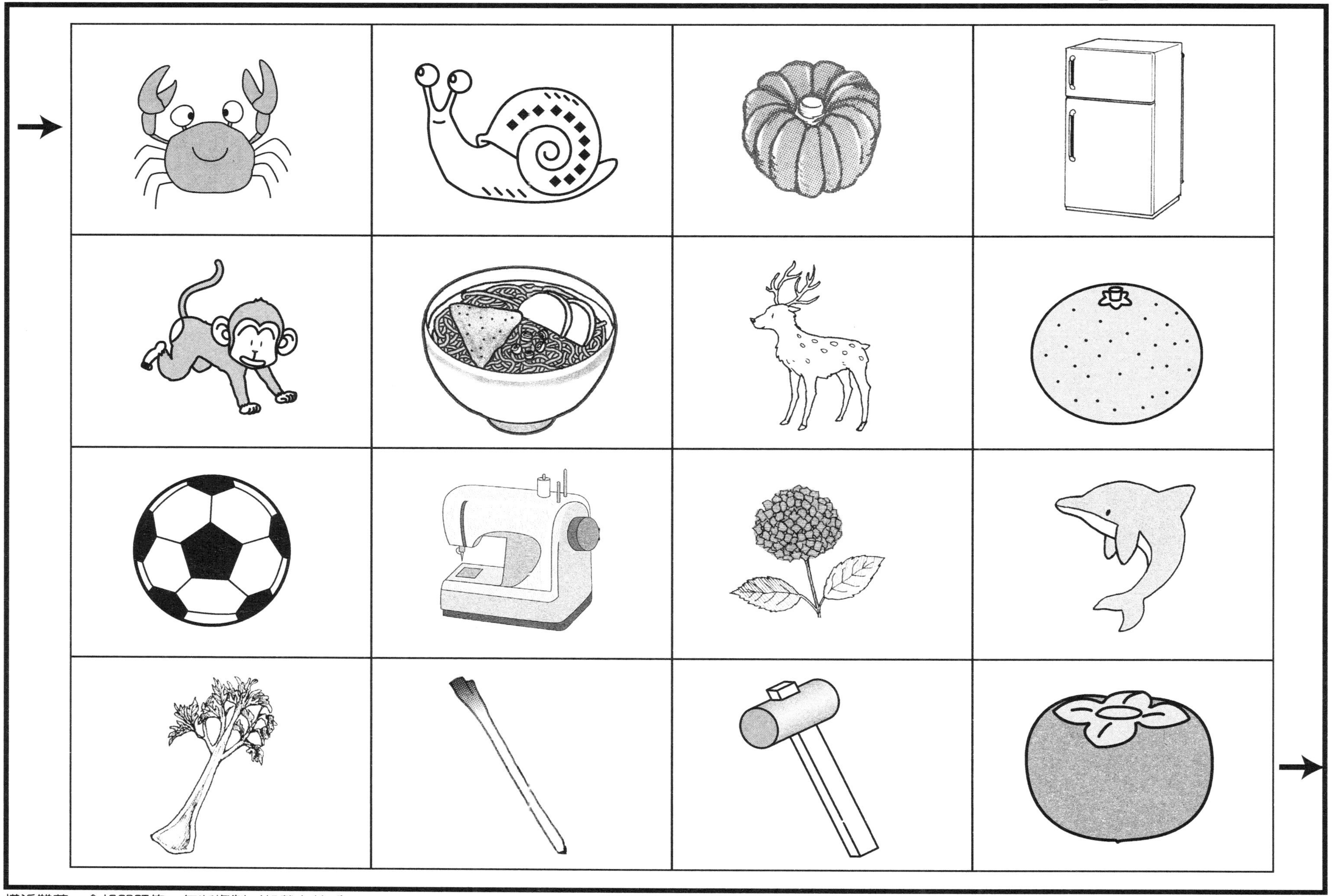

問題３３

①

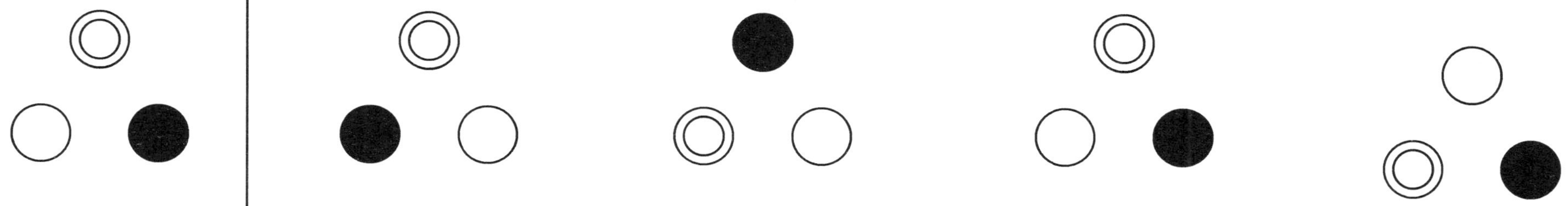

②

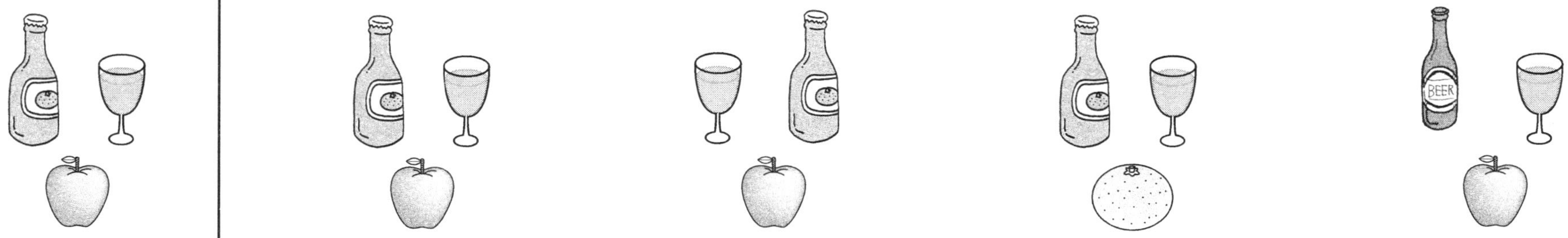

③

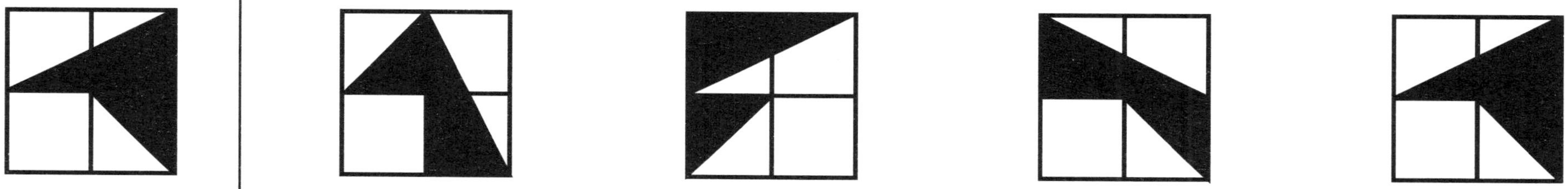

④

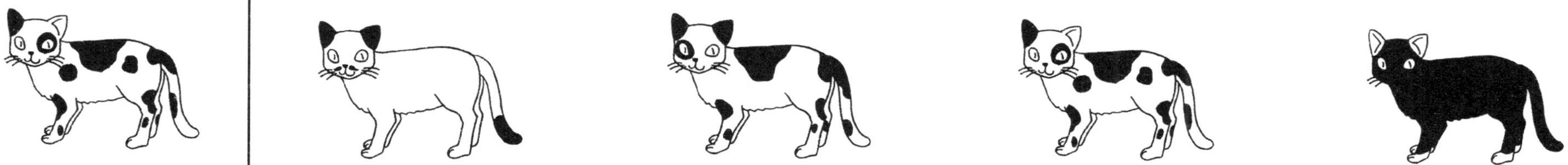

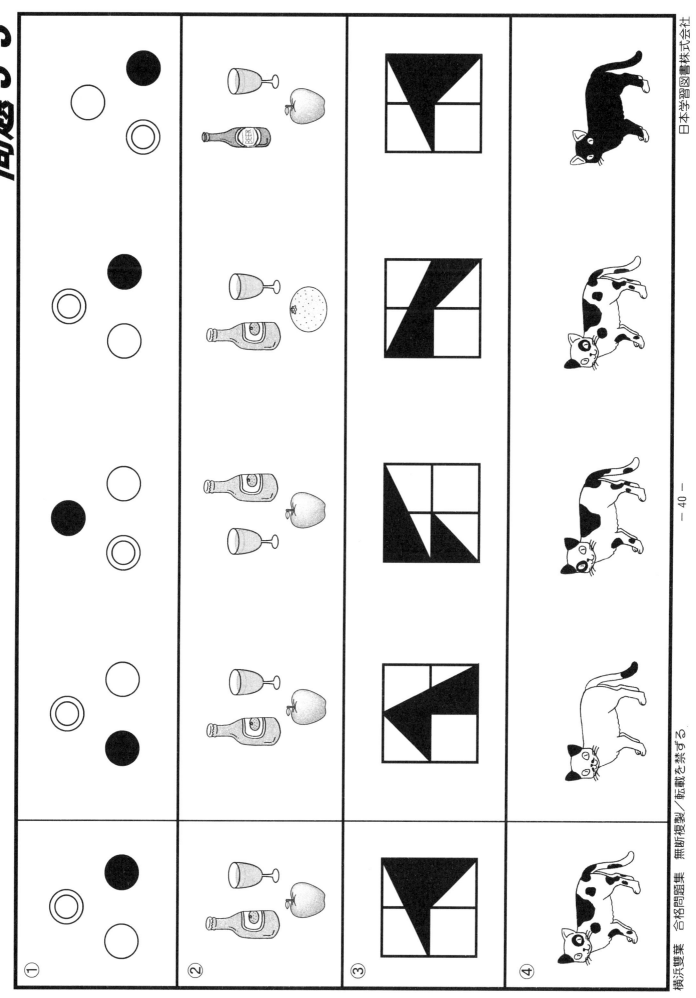

問題３４－１

②

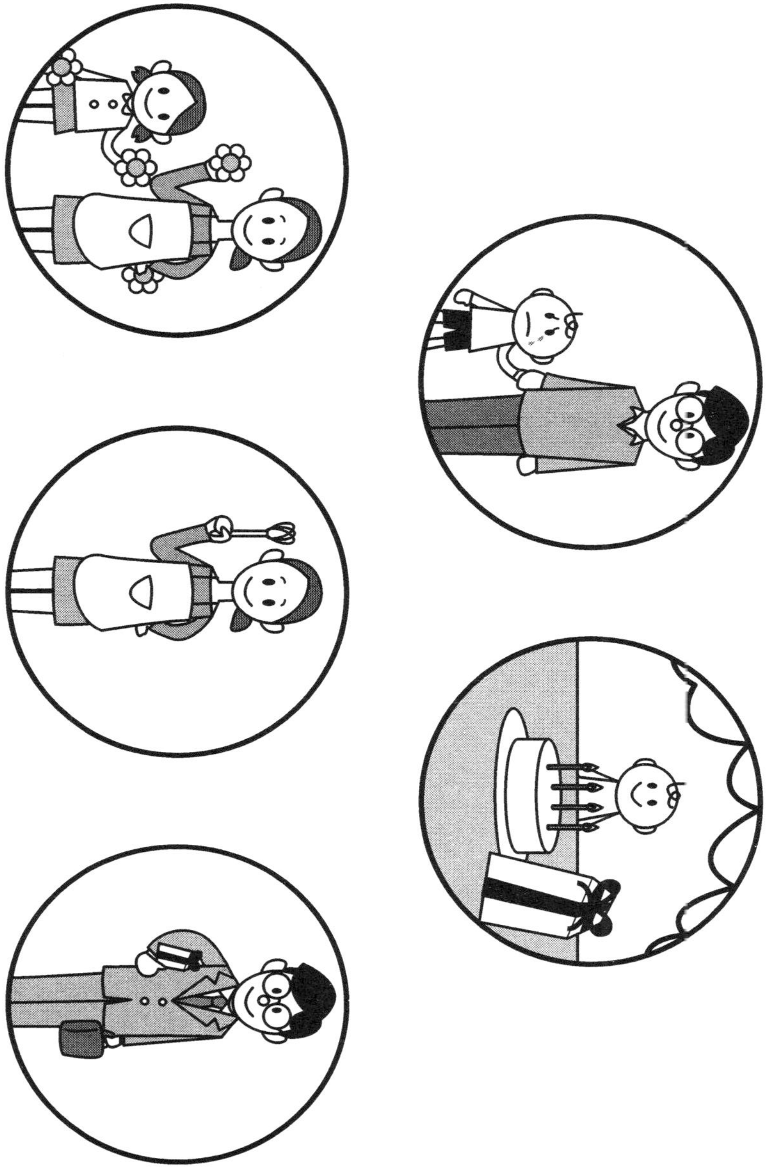

①

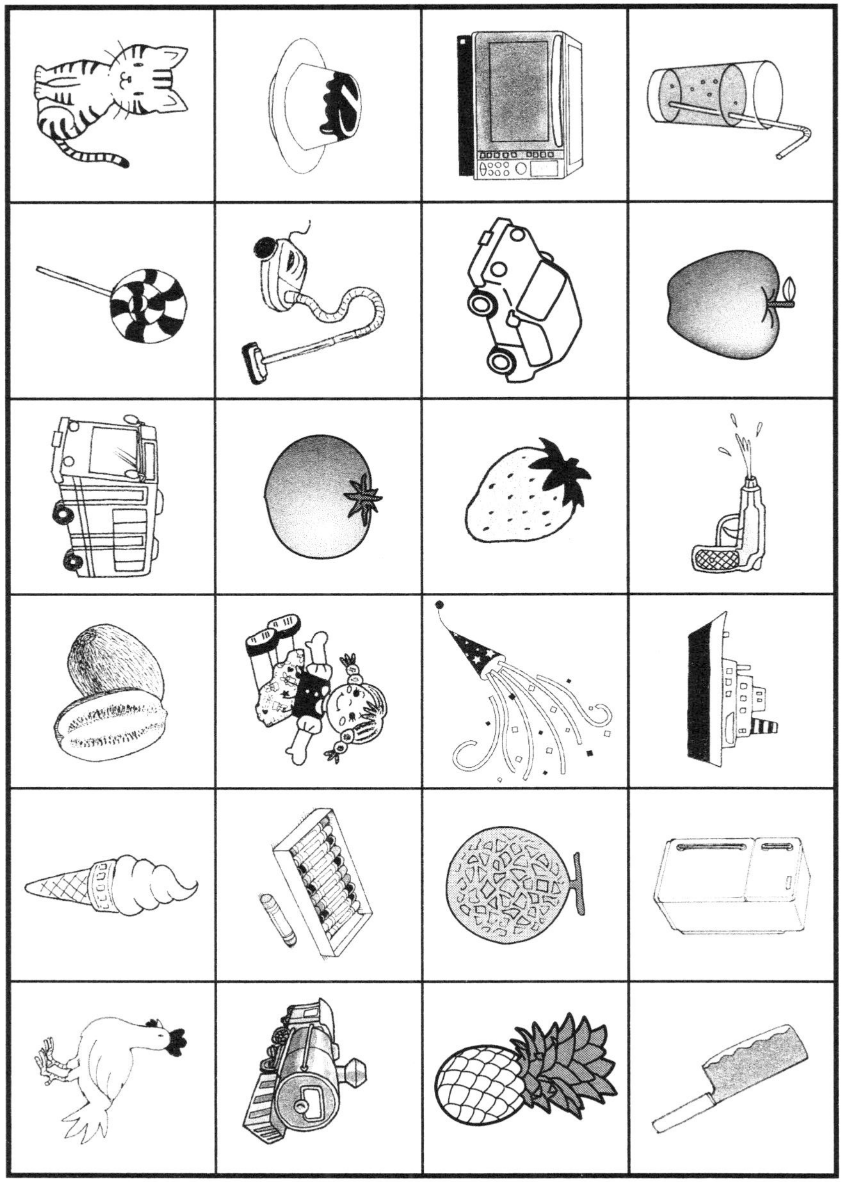

③

④

横浜雙葉　合格問題集　無断複製／転載を禁ずる　日本学習図書株式会社

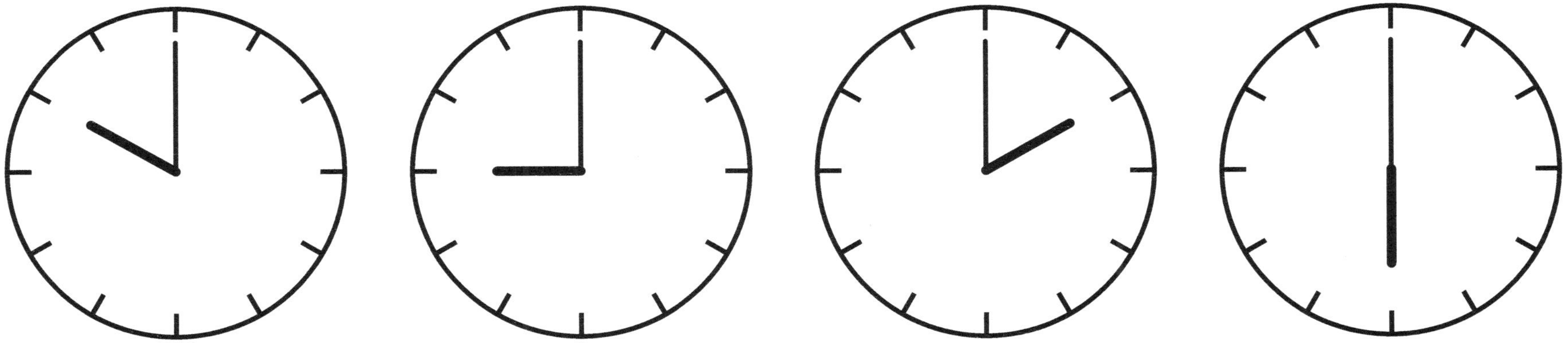

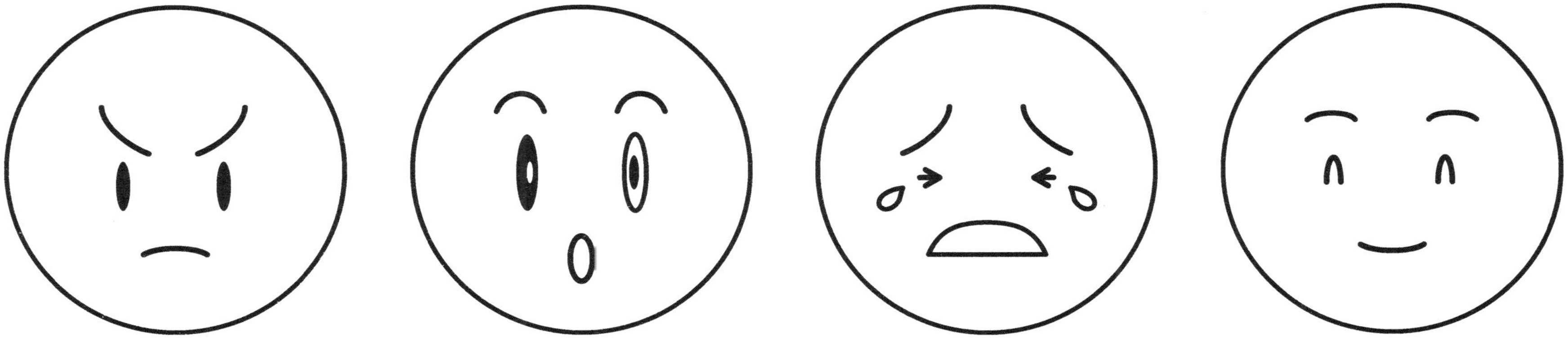

問題３５

①

②

日本学習図書株式会社

問題３６

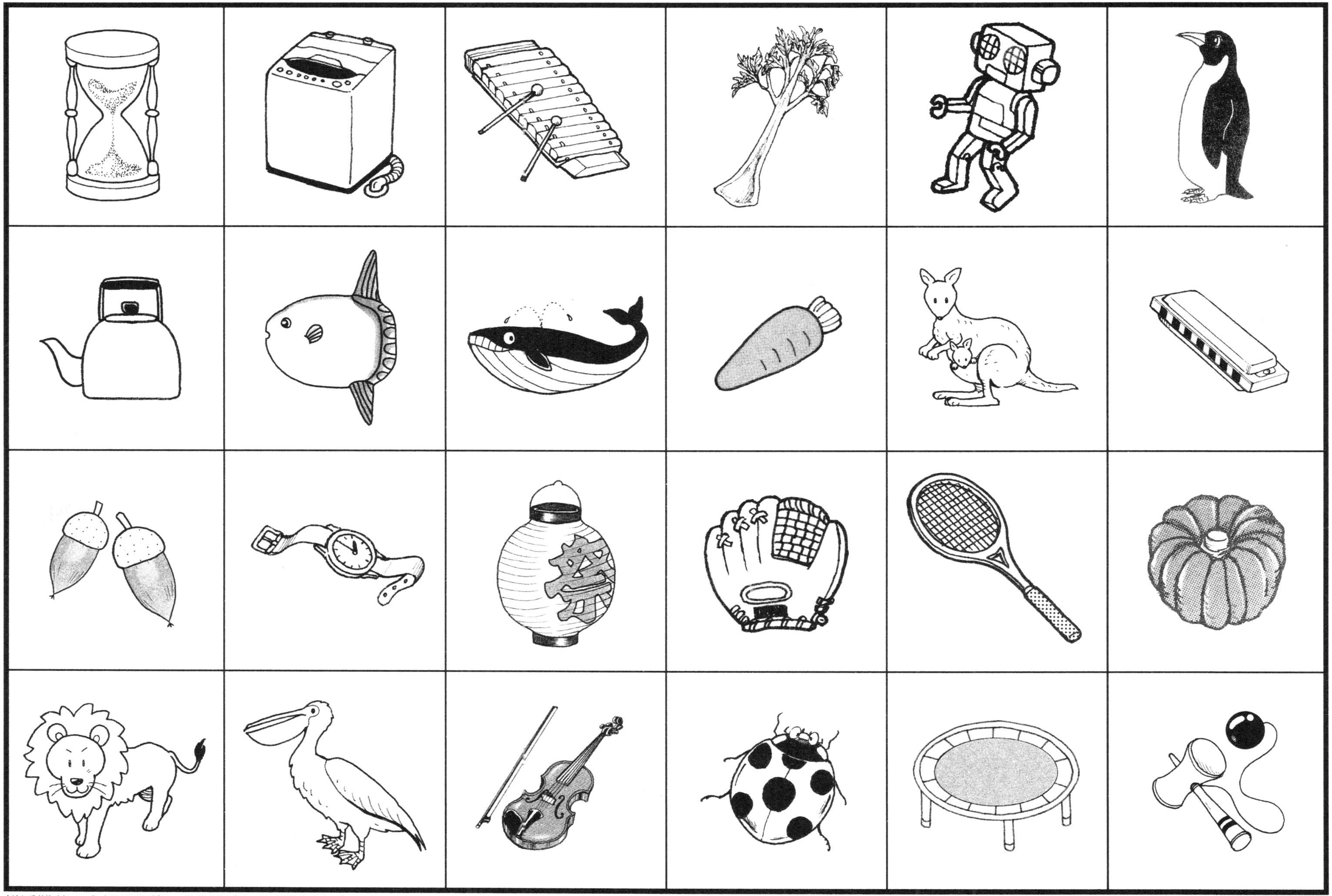

問題３７

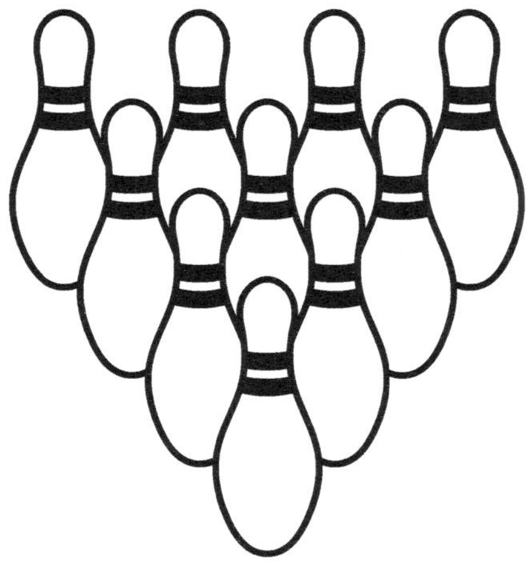

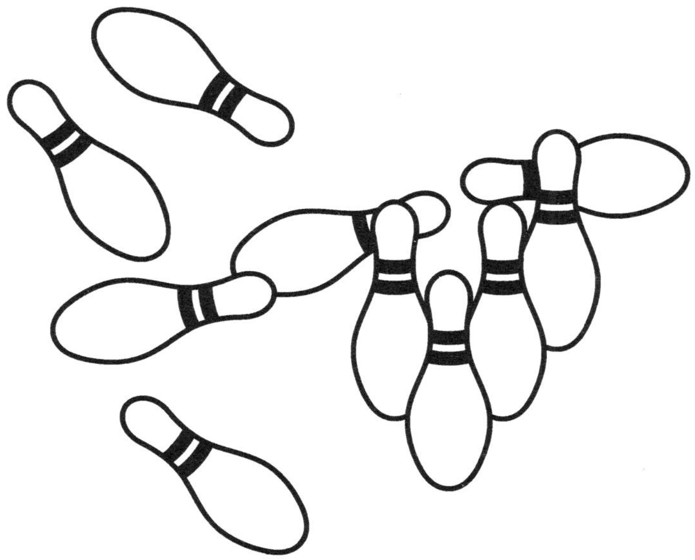

①

②

③

日本学習図書株式会社

問題38

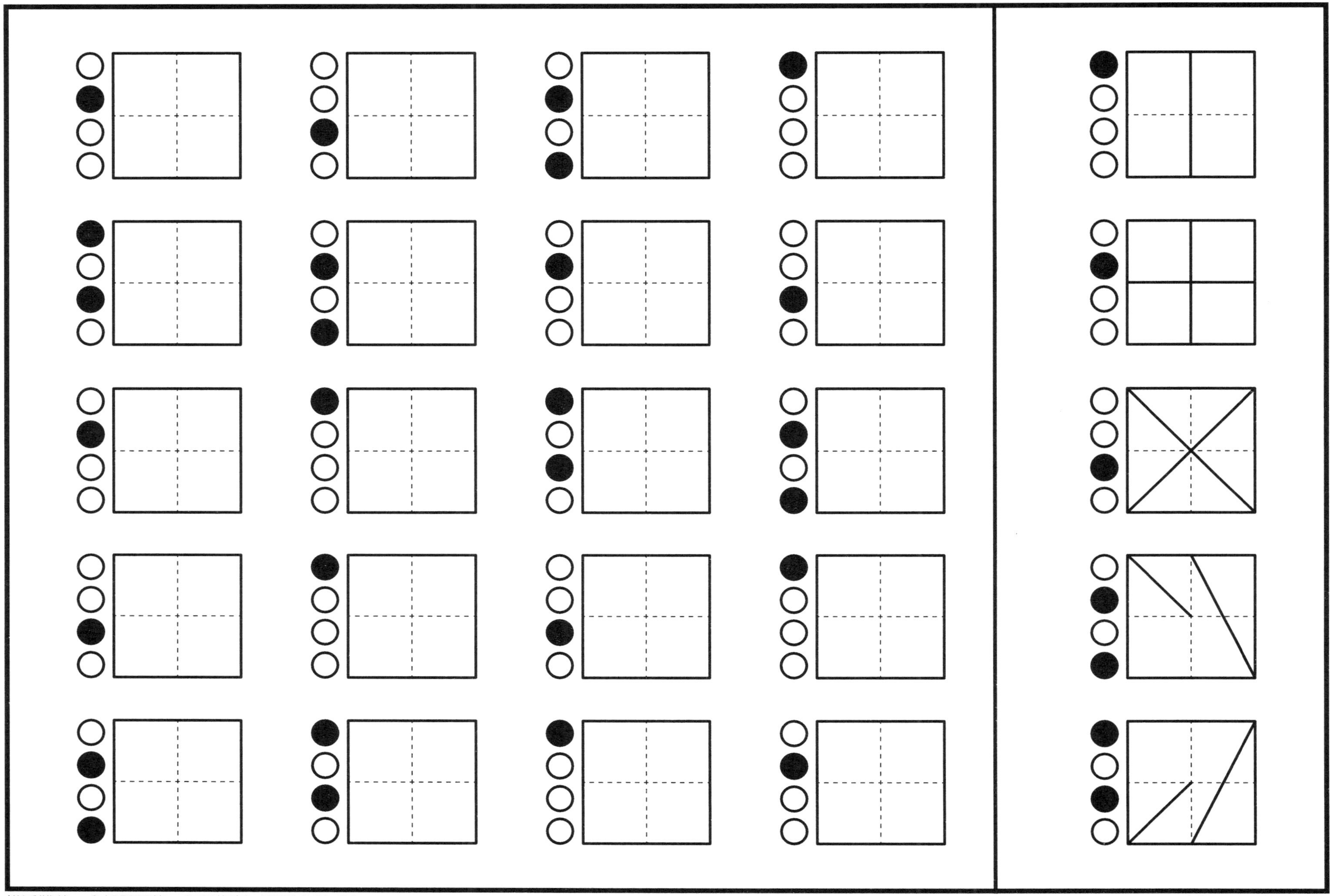

問題39

問題４０

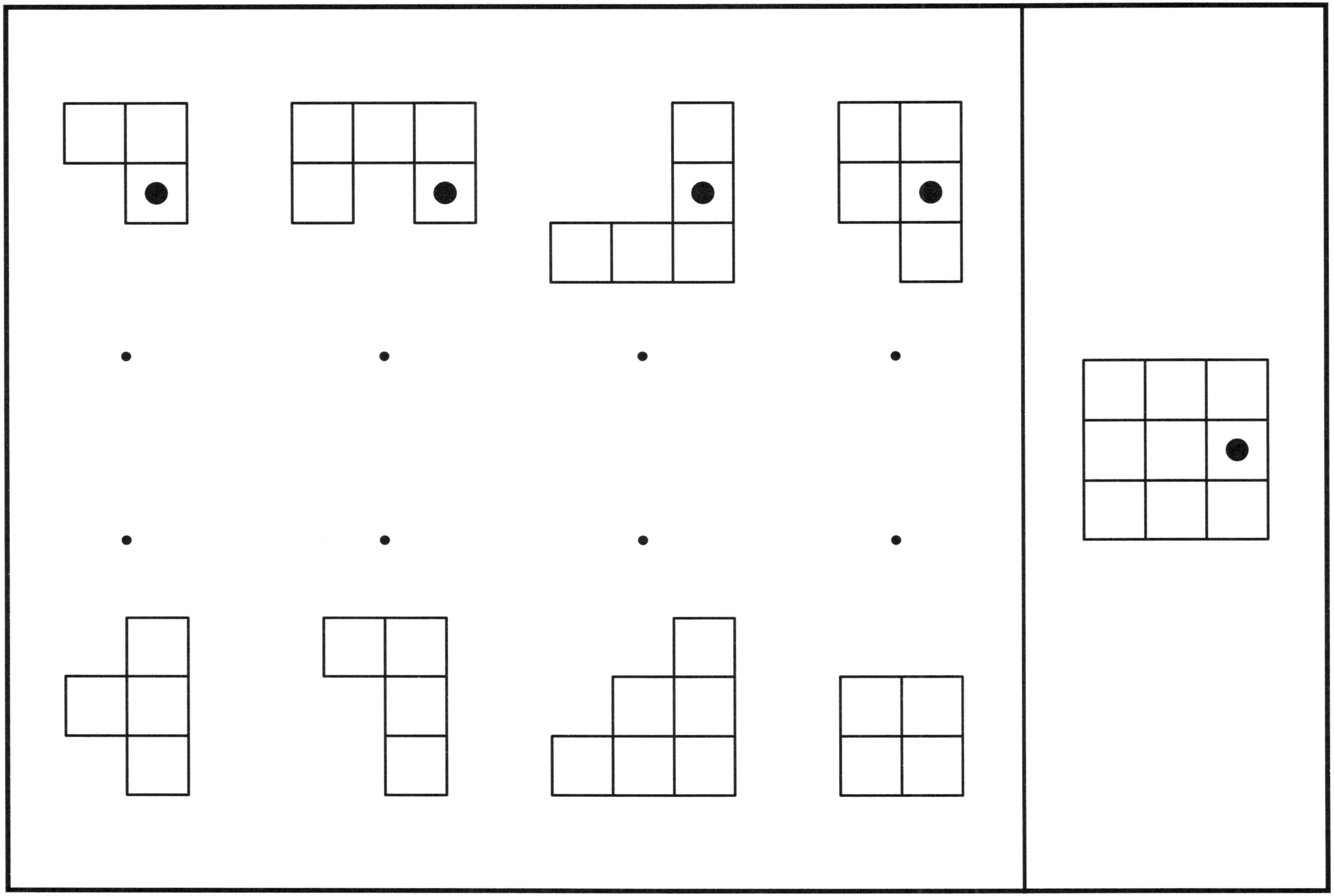

図書カード 1000 円分プレゼント

ご記入日 令和　　年　　月　　日

☆国・私立小学校受験アンケート☆

※可能な範囲でご記入下さい。選択肢は○で囲んで下さい。

〈小学校名〉＿＿＿＿＿＿＿＿＿＿＿　〈お子さまの性別〉男・女　〈誕生月〉＿＿月

〈その他の受験校〉（複数回答可）＿＿＿＿＿＿＿＿＿＿＿＿＿＿＿＿＿＿＿＿

〈受験日〉①：＿＿月＿＿日〈時間〉＿＿時＿＿分　～　＿＿時＿＿分

②：＿＿月＿＿日〈時間〉＿＿時＿＿分　～　＿＿時＿＿分

〈受験者数〉　男女計＿＿名　（男子＿＿名　女子＿＿名）

〈お子さまの服装〉　＿＿＿＿＿＿＿＿＿＿＿＿＿＿＿＿

〈入試全体の流れ〉（記入例）準備体操→行動観察→ペーパーテスト

＿＿＿＿＿＿＿＿＿＿＿＿＿＿＿＿＿＿＿＿＿＿＿＿＿＿

Eメールによる情報提供

日本学習図書では、Eメールでも入試情報を募集しております。

下記のアドレスに、アンケートの内容をご入力の上、メールをお送り下さい。

ojuken@nichigaku.jp

●行動観察　（例）好きなおもちゃで遊ぶ・グループで協力するゲームなど

〈実施日〉＿＿月＿＿日〈時間〉＿＿時＿＿分　～　＿＿時＿＿分〈着替え〉□有　□無

〈出題方法〉□肉声　□録音　□その他（　　　　　）〈お手本〉□有　□無

〈試験形態〉□個別　□集団（　　　人程度）　〈会場図〉

〈内容〉

□自由遊び

＿＿＿＿＿＿＿＿＿＿＿＿＿＿＿＿＿＿

□グループ活動

＿＿＿＿＿＿＿＿＿＿＿＿＿＿＿＿＿＿

□その他

＿＿＿＿＿＿＿＿＿＿＿＿＿＿＿＿＿＿

●運動テスト（有・無）　（例）跳び箱・チームでの競争など

〈実施日〉＿＿月＿＿日〈時間〉＿＿時＿＿分　～　＿＿時＿＿分〈着替え〉□有　□無

〈出題方法〉□肉声　□録音　□その他（　　　　　）〈お手本〉□有　□無

〈試験形態〉□個別　□集団（　　　人程度）　〈会場図〉

〈内容〉

□サーキット運動

□走り　□跳び箱　□平均台　□ゴム跳び

□マット運動　□ボール運動　□なわ跳び

□クマ歩き

□グループ活動＿＿＿＿＿＿＿＿＿＿＿＿＿＿＿＿＿＿

□その他＿＿＿＿＿＿＿＿＿＿＿＿＿＿＿＿＿＿

●知能テスト・口頭試問

〈実施日〉＿＿月＿＿日〈時間〉＿＿時＿＿分 ～ ＿＿時＿＿分〈お手本〉□有 □無

〈出題方法〉 □肉声 □録音 □その他（　　　　　）〈問題数〉＿＿枚 ＿＿問

分野	方法	内　容	詳　細・イ　ラ　ス　ト
（例） お話の記憶	☑筆記 □口頭	動物たちが待ち合わせをする話	（あらすじ） 動物たちが待ち合わせをした。最初にウサギさんが来た。次にイヌくんが、その次にネコさんが来た。最後にタヌキくんが来た。 （問題・イラスト） ３番目に来た動物は誰か 
お話の記憶	□筆記 □口頭		（あらすじ） （問題・イラスト）
図形	□筆記 □口頭		
言語	□筆記 □口頭		
常識	□筆記 □口頭		
数量	□筆記 □口頭		
推理	□筆記 □口頭		
その他	□筆記 □口頭		

●制作　（例）ぬり絵・お絵かき・工作遊びなど

〈実施日〉＿＿月＿＿日　〈時間〉＿＿時＿＿分＿＿～＿＿時＿＿分

〈出題方法〉　□肉声　□録音　□その他（　　　　　　）　〈お手本〉□有　□無

〈試験形態〉　□個別　□集団（　　　　人程度）

材料・道具	制作内容
□ハサミ □のり（□つぼ　□液体　□スティック） □セロハンテープ □鉛筆　□クレヨン（　色） □クーピーペン（　色） □サインペン（　色）□ □画用紙（□ A4　□ B4　□ A3 □その他：　　　　） □折り紙　□新聞紙　□粘土 □その他（　　　　）	□切る　□貼る　□塗る　□ちぎる　□結ぶ　□描く　□その他（　　　　） タイトル：＿＿＿＿＿＿＿＿＿＿＿＿

●面接

〈実施日〉＿＿月＿＿日　〈時間〉＿＿時＿＿分＿＿～＿＿時＿＿分　〈面接担当者〉＿＿＿名

〈試験形態〉□志願者のみ（　　）名　□保護者のみ　□親子同時　□親子別々

〈質問内容〉

※試験会場の様子をご記入下さい。

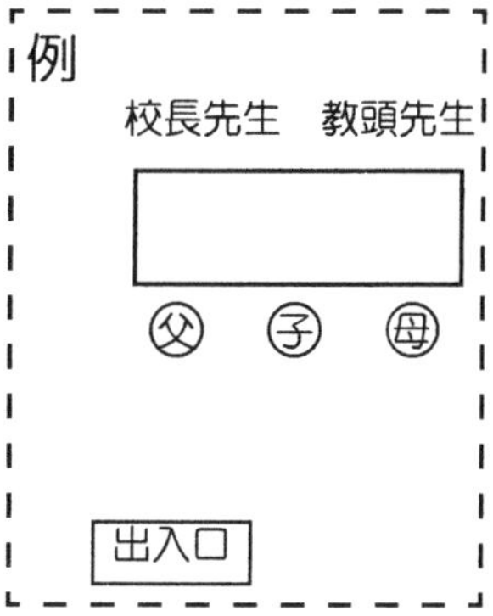

□志望動機　□お子さまの様子

□家庭の教育方針

□志望校についての知識・理解

□その他（　　　　　　　　　　）

（詳　細）

・

・

・

・

●保護者作文・アンケートの提出（有・無）

〈提出日〉　□面接直前　□出願時　□志願者考査中　□その他（　　　　　　）

〈下書き〉　□有　□無

〈アンケート内容〉

（記入例）当校を志望した理由はなんですか（150 字）

●説明会（□有　□無）〈開催日〉　　月　　日〈時間〉　　時　　分　～　　時　　分

〈上履き〉　□要　□不要　〈願書配布〉　□有　□無　〈校舎見学〉　□有　□無

〈ご感想〉

●参加された学校行事（複数回答可）

公開授業〈開催日〉　　月　　日〈時間〉　　時　　分　～　　時　　分

運動会など〈開催日〉　　月　　日〈時間〉　　時　　分　～　　時　　分

学習発表会・音楽会など〈開催日〉　　月　　日〈時間〉　　時　　分　～　　時　　分

〈ご感想〉

※是非参加したほうがよいと感じた行事について

●受験を終えてのご感想、今後受験される方へのアドバイス

※対策学習（重点的に学習しておいた方がよい分野）、当日準備しておいたほうがよい物など

＊＊＊＊＊＊＊＊＊＊＊＊＊　ご記入ありがとうございました　＊＊＊＊＊＊＊＊＊＊＊＊＊

必要事項をご記入の上、ポストにご投函ください。

なお、本アンケートの送付期限は入試終了後３ヶ月とさせていただきます。また、入試に関する情報の記入量が当社の基準に満たない場合、謝礼の送付ができないことがございます。あらかじめご了承ください。

ご住所：〒

お名前：　　　　　　　　　　メール：

ＴＥＬ：　　　　　　　　　　ＦＡＸ：

アンケートのご記入
ありがとうございました

ご記入頂いた個人に関する情報は、当社にて厳重に管理致します。弊社の個人情報取り扱いに関する詳細は、www.nichigaku.jp/policy.php の「個人情報の取り扱い」をご覧下さい。

分野別 小学入試練習帳 ジュニアウォッチャー

1．点・線図形	小学校入試で出題頻度の高い『点・線図形』の模写を、難易度の低いものから段階別に幅広く練習することができるように構成。
2．座標	図形の位置模写という作業を、難易度の低いものから段階別に練習できるように構成。
3．パズル	様々なパズルの問題を難易度の低いものから段階別に練習できるように構成。
4．同図形探し	小学校入試で出題頻度の高い、同図形選びの問題を繰り返し練習できるように構成。
5．回転・展開	図形などを回転、または展開したとき、形がどのように変化するかを学習し、理解を深められるように構成。
6．系列	数、図形などの様々な系列問題を、難易度の低いものから段階別に練習できるように構成。
7．迷路	迷路の問題を繰り返し練習できるように構成。
8．対称	対称に関する問題を４つのテーマに分類し、各テーマごとに問題を段階別に練習できるように構成。
9．合成	図形の合成に関する問題を、難易度の低いものから段階別に練習できるように構成。
10．四方からの観察	もの（立体）を様々な角度から見て、どのように見えるかを推理する問題を段階別に整理し、１つの形式で複数の問題を練習できるように構成。
11．いろいろな仲間	ものや動物、植物の共通点を見つけ、分類していく問題を中心に構成。
12．日常生活	日常生活における様々な問題を６つのテーマに分類し、各テーマごとに一つの問題形式で複数の問題を練習できるように構成。
13．時間の流れ	『時間』に着目し、様々なものごとは、時間が経過するとどのように変化するのかということを学習し、理解できるように構成。
14．数える	様々なものを『数える』ことから、数の多少の判定やかけ算、わり算の基礎までを練習できるように構成。
15．比較	比較に関する問題を５つのテーマ（数、高さ、長さ、量、重さ）に分類し、各テーマごとに問題を段階別に練習できるように構成。
16．積み木	数える対象を積み木に限定した問題集。
17．言葉の音遊び	言葉の音に関する問題を５つのテーマに分類し、各テーマごとに問題を段階別に練習できるように構成。
18．いろいろな言葉	表現力をより豊かにするいろいろな言葉として、擬態語や擬声語、同音異義語、反意語、数詞を取り上げた問題集。
19．お話の記憶	お話を聴いてその内容を記憶、理解し、設問に答える形式の問題集。
20．見る記憶・聴く記憶	「見て憶える」「聴いて憶える」という『記憶』分野に特化した問題集。
21．お話作り	いくつかの絵を元にしてお話を作る練習をして、想像力を養うことができるように構成。
22．想像画	描かれてある形や景色に好きな絵を描くことにより、想像力を養うことができるように構成。
23．切る・貼る・塗る	小学校入試で出題頻度の高い、はさみやのりなどを用いた巧緻性の問題を繰り返し練習できるように構成。
24・絵画	小学校入試で出題頻度の高い、お絵かきやぬり絵などクレヨンやクーピーペンを用いた巧緻性の問題を繰り返し練習できるように構成。
25．生活巧緻性	小学校入試で出題頻度の高い日常生活の様々な場面における巧緻性の問題集。
26．文字・数字	ひらがなの清音、濁音、拗音、拗長音、促音と１～20までの数字に焦点を絞り、練習できるように構成。
27．理科	小学校入試で出題頻度が高くなりつつある理科の問題を集めた問題集。
28．運動	出題頻度の高い運動問題を種目別に分けて構成。
29．行動観察	項目ごとに問題提起をし、「このような時はどうか、あるいはどう対処するのか」の観点から問いかける形式の問題集。
30．生活習慣	学校から家庭に提起された問題と思って、一問一問絵を見ながら話し合い、考える形式の問題集。

31．推理思考	数、量、言語、常識（含理科、一般）など、諸々のジャンルから問題を構成し、近年の小学校入試問題傾向に沿って構成。
32．ブラックボックス	箱や筒の中を通ると、どのようなお約束でどのように変化するかを推理・思考する問題集。
33．シーソー	重さの違うものをシーソーに乗せた時どちらに傾くのか、またどうすればシーソーは釣り合うのかを思考する基礎的な問題集。
34．季節	様々な行事や植物などを季節別に分類できるように知識をつける問題集。
35．重ね図形	小学校入試で頻繁に出題されている「図形を重ね合わせてできる形」についての問題を集めました。
36．同数発見	様々な物を数え「同じ数」を発見し、数の多少の判断や数の認識の基礎を学べるように構成した問題集。
37．選んで数える	数の学習の基本となる、いろいろなものの数を正しく数える学習を行う問題集。
38．たし算・ひき算１	数字を使わず、たし算とひき算の基礎を身につけるための問題集。
39．たし算・ひき算２	数字を使わず、たし算とひき算の基礎を身につけるための問題集。
40．数を分ける	数を等しく分ける問題です。等しく分けたときに余りが出るものもあります。
41．数の構成	ある数がどのような数で構成されているか学んでいきます。
42．一対多の対応	一対一の対応から、一対多の対応まで、かけ算の考え方の基礎学習を行います。
43．数のやりとり	あげたり、もらったり、数の変化をしっかりと学びます。
44．見えない数	指定された条件から数を導き出します。
45．図形分割	図形の分割に関する問題集。パズルや合成の分野にも通じる様々な問題を集めました。
46．回転図形	「回転図形」に関する問題集。やさしい問題から始め、いくつかの代表的なパターンから、段階を踏んで学習できるよう編集されています。
47．座標の移動	「マス目の指示通りに移動する問題」と「指示された数だけ移動する問題」を収録。
48．鏡図形	鏡で左右反転させた時の見え方を考えます。平面図形から立体図形、文字、絵まで。
49．しりとり	すべての学習の基礎となる「言葉」を学ぶこと、特に「語彙」を増やすことに重点をおき、さまざまなタイプの「しりとり」問題を集めました。
50．観覧車	観覧車やメリーゴーラウンドなどを舞台にした「回転系列」の問題集。「推理思考」分野の問題ですが、要素として「図形」や「数量」も含みます。
51．運筆①	鉛筆の持ち方を学び、点線なぞり、お手本を見ながらの模写で、線を引く練習をします。
52．運筆②	運筆①からさらに発展し、「欠所補完」や「迷路」などを楽しみながら、より複雑な鉛筆運びを習得することを目指します。
53．四方からの観察 積み木編	積み木を使用した「四方からの観察」に関する問題を練習できるように構成。
54．図形の構成	見本の図形がどのような部分によって形づくられているかを考えます。
55．理科②	理科的知識に関する問題を集中して練習する「常識」分野の問題集。
56．マナーとルール	道路や駅、公共の場でのマナー、安全や衛生に関する常識を学べるように構成。
57．置き換え	さまざまな具体的・抽象的事象を記号で表す「置き換え」の問題を扱います。
58．比較②	長さ・高さ・体積・数などを数学的な知識を使わず、論理的に推測する「比較」の問題を練習できるように構成。
59．欠所補完	線と線のつながり、欠けた絵に当てはまるものなどを求める「欠所補完」に取り組める問題集です。
60．言葉の音（おん）	しりとり、決まった順番の音をつなげるなど、「言葉の音」に関する問題に取り組める練習問題集です。

『読み聞かせ』×『質問』＝『聞く力』

お話の記憶の練習に最適

1話5分の
読み聞かせお話集①②

「アラビアン・ナイト」「アンデルセン童話」「イソップ寓話」「グリム童話」、日本や各国の民話、昔話、偉人伝の中から、教育的な物語や、過去に小学校入試でも出題された有名なお話を中心に掲載。お話ごとに、内容に関連したお子さまへの質問も掲載しています。「読み聞かせ」を通して、お子さまの『聞く力』を伸ばすことを目指します。　①巻・②巻　各 48 話

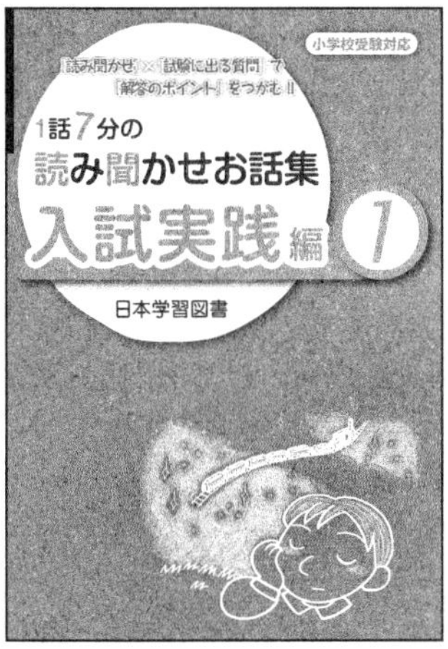

1話7分の読み聞かせお話集
入試実践編①

国立･私立小学校受験対応

最長 1,700 文字の長文のお話を掲載。有名でない＝「聞いたことのない」お話を聞くことで、『集中力』のアップを目指します。設問も、実際の試験を意識した設問としています。ペーパーテスト実施校の多くが「お話の記憶」の問題を出題します。毎日の「読み聞かせ」と「試験に出る質問」で、「解答のポイント」をつかんで臨みましょう！　50 話収録

ニチガクの　この5冊で受験準備も万全！

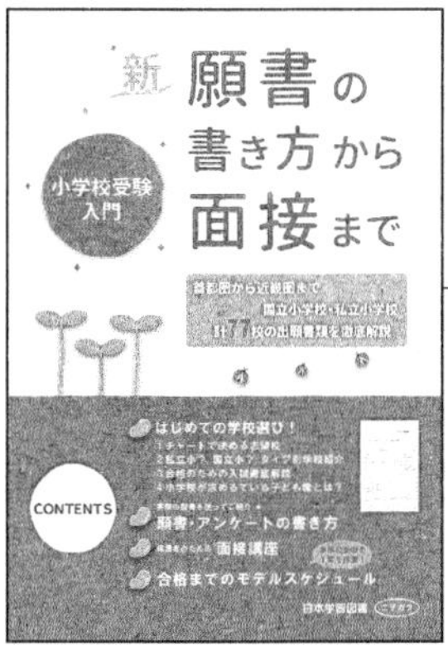

小学校受験入門
願書の書き方から面接まで　リニューアル版

主要私立・国立小学校の願書・面接内容を中心に、学校選びや入試の分野傾向、服装コーディネート、持ち物リストなども網羅し、受験準備全体をサポートします。

小学校受験で
知っておくべき125のこと

小学校受験の基本から怪しい「ウワサ」まで、保護者の方々からの 125 の質問にていねいに解答。目からウロコのお受験本。

新　小学校受験の
入試面接Ｑ＆Ａ　リニューアル版

過去十数年に遡り、面接での質問内容を網羅。小学校別、父親・母親・志願者別、さらに学校のこと・志望動機・お子さまについてなど分野ごとに模範解答例やアドバイスを掲載。

新　願書・アンケート
文例集 500　リニューアル版

有名私立小、難関国立小の願書やアンケートに記入するための適切な文例を、質問の項目別に収録。合格を掴むためのヒントが満載！願書を書く前に、ぜひ一度お読みください。

小学校受験に関する
保護者の悩みＱ＆Ａ

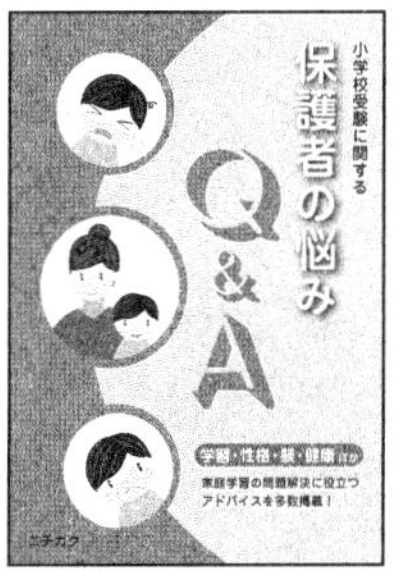

保護者の方約 1,000 人に、学習・生活・躾に関する悩みや問題を取材。その中から厳選した 200 例以上の悩みに、「ふだんの生活」と「入試直前」のアドバイス２本立てで悩みを解決。

日本学習図書株式会社